神さまとつながる方法

コツをつかんで
運をたぐり寄せる！

メレオン竹田

日本文芸社

はじめに

こんにちは。キャメレオン竹田です。

あなたは普段から、神さまや〝見えない何か〟とコンタクトをとっていますか？
もしかしたら、そのようなことをしている人は、特別な能力があると思っていませんか？
はたまた、気になることや悩みごとがあるたびに、それらとコンタクトをとれる人に相談したり、聞きに行ったりなどしていませんか？

それは、実にもったいないことです。
なぜかと言いますと、誰にでもできることだからです。

でも、たいていの人は「そんなこと、できるわけがない！」と思い込んで、その能力を起動していないのです。

本書では、まず、神さまやその見えない存在とのコンタクトのとり方をご説明します。一度つながってしまえば、あとはぐっとコンタクトをとりやすくなります。

コンタクトをとることは、ネット回線をつなぐのと同じようなものです。私たちには、もともとＷｉ－ｆｉ（ワイファイ）機能がついているのですが、実際には使っていない人がほとんどだと思われます。

しかし、この本に出会ったからには、今後は自分の回線を使って、あらゆる存在とつながることをオススメします。

時代は常に進化し続けています。

それに伴い、見えない存在と私たちの関係性も進化し続けています。

本書のお話をいただいてから、どの神さまを、そしてどの〝目に見えない存在〟のことを書かせていただこうか考えていたところ……。

なんと！　その日の夜、私の夢の中に青いガネーシャが出てきて、私をものすごい勢い

で追いかけてきたのです！
あまりに勢いがすごかったため隠れたのですが、私が隠れたほうの道に迫《せま》ってきて……見つかってしまいました（笑）。
その場で私は、「あっ、ガネーシャさんも本に登場したいのですね？」と、確認させていただきました。

というわけで、私はガネーシャをはじめ、いろんな神さまや目に見えない存在とコンタクトをとり、彼らの声を聴いて、第3章には彼らからの「コンタクトメッセージ」なるものも紹介させていただくことにしました。

信じるか信じないかは、みなさん次第です。

みなさん一人ひとりが〝自分の世界の創造主〟である以上、これからどのように自分の世界をつくっていくかということも自由です。

しかし、この本を手にとっていただいている時点で、みなさんは、神さまやその見えない存在とコンタクトをとりたいと望んでいるのではないでしょうか。

もう一度言います。

決して特別な能力は必要なく、誰にでもできることです。

そして、その方法は本書に書いてあります。

どうぞ、最後までお付き合いいただけましたら幸いでございます。

キャメレオン竹田

CONTENTS

第1章

神さまや目に見えない存在とのコンタクトは誰でもできる

CHAME CONTACT

神さまや〝見えない存在〟と楽しくコンタクトをとるには

人間ではない、目に見えない〝存在〟から情報を得て、それを私たちに教えてくれる人と出会うと、不思議な気持ちになりませんか？


「どうやって通信しているのだろう？」

「声が聞こえるのかな？」

「なぜ、この人にはそのような能力があるのだろうか……」


実は……これ、誰にでもできることなんです。

普段からこのようなことをしている人というのは、主に、これを日常的にしている家族または親戚がいる環境で育ったり、子どもの頃からなんとなく自然とできていたり、あるいは、人生の大きなターニングポイントを境《さかい》に急にできるようになったり……という人が多いようです。また、生まれつき神さまとコンタクトをとるのが得意な人もいます。

それは、ピアノが得意であるとか、駆け足が速いとか、歌が上手いとか、数学の計算が得意とかと似たようなものです。

「神さまとコンタクトをとる」ということも、それと同じなのです。

ですので、神さまたちとコンタクトをとりたい場合は、コンタクトをとれる人にお願いするのではなく、自分でできるようになりましょう。

時代が変化し、今は自分でいろいろなことができるようになりました。ひと昔前までは、電話交換手という職業が存在し、電話で話したい場合は、電話交換手につないでもらっていました。

しかし、現在、多くの人がスマホを持ち歩き、話したいときに話したい相手とかん

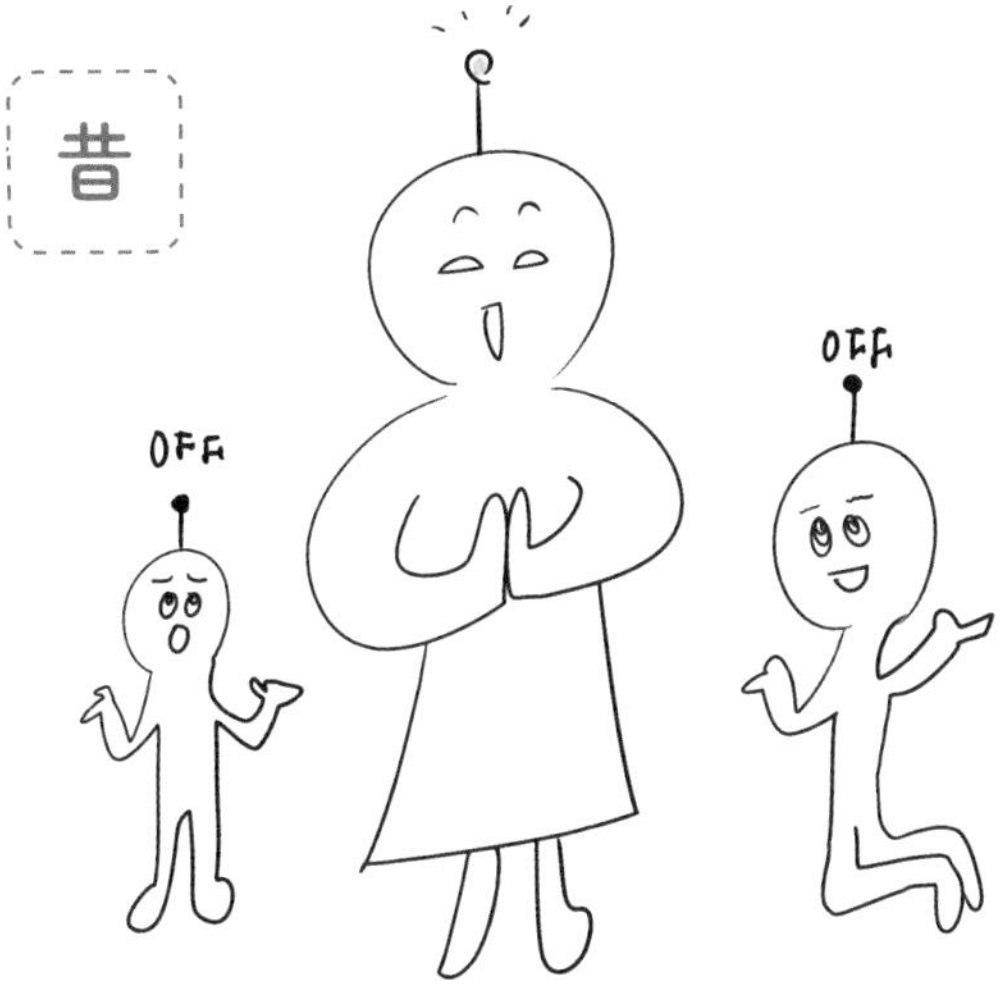

たんにつながることが可能になりましたし、「あっ！」と思ったら、電話だけでなく、ＳＮＳでメッセージを送ることもでき、手間も覚悟もいらないので、もはや意識だけのコミュニケーションに近い状態になったと言えます。

　スマホと同じように、誰かを介して神さまとつながったり、伝言をもらったりするのではなく、「意識」だけでコミュニケーションしていけばいいのです。

　実在する〝人間〟も、見えない〝存在〟も、そう大差ありません。つながろうとアクションさえ起こせばつながることができるのです。

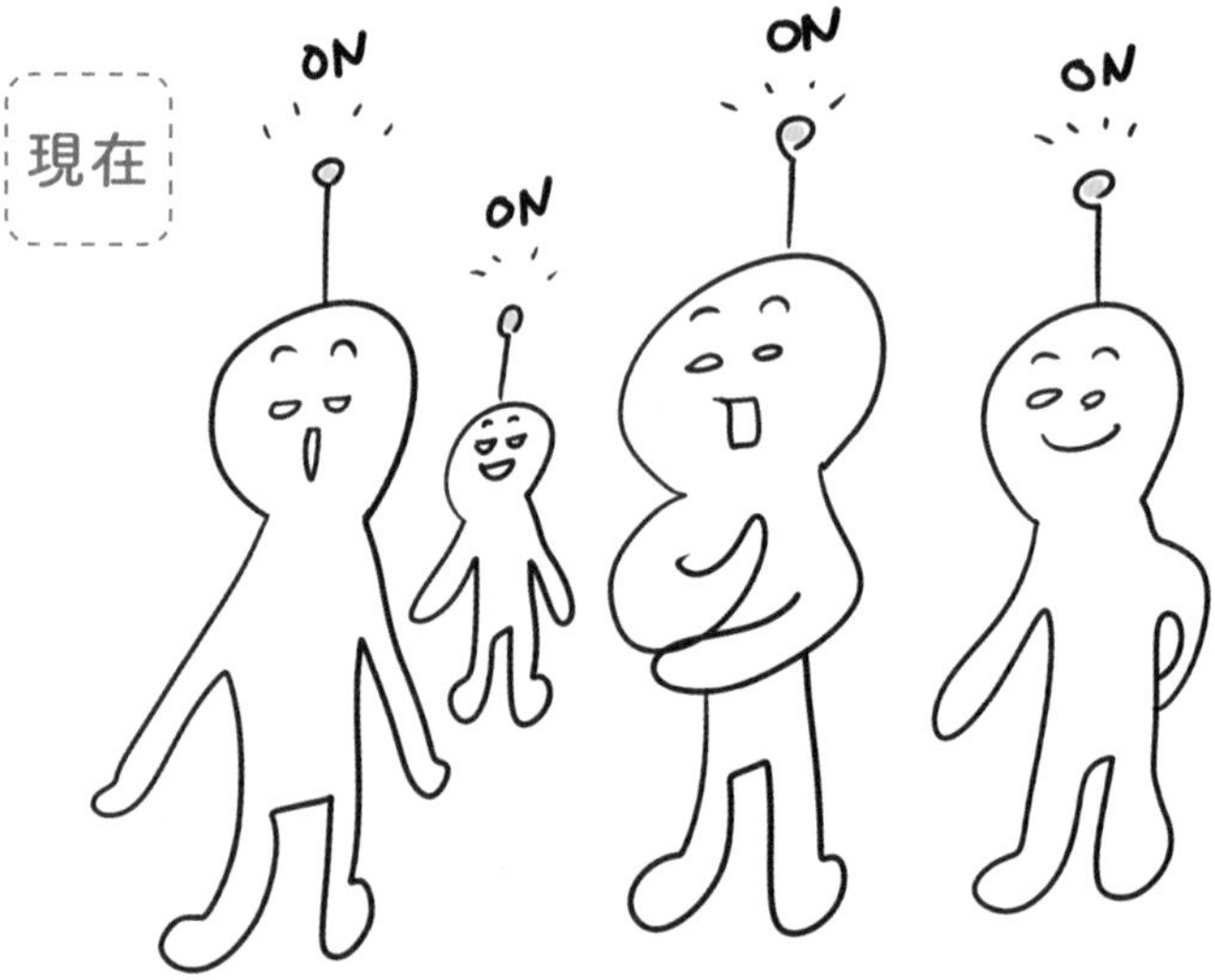

できる人とそうでない人の違いは、その回線を使うかどうかだけなのです。

どの神さまとつながる？

これまでに、私はタイトルに「神さま」という名前のつく本を何冊か出しているのですが、「神さま」という存在を、次の2つで表現しています。

① 自分＝神さま

② 高次元の存在たち（目に見えない存在たち）

「自分＝神さま」は、自分の心の奥底にある声に正直になって生きること——つまり高次元の自分である「ハイヤーセルフ」と常につながり、一体となって生きることを選択すると、すべてのことがうまくいくようになるということ。

そのためには、ちょっとした違和感をスルーせずに、いつも自分の心の奥がしっくりす

本当の自分を生きていると神さまと周波数が合致しやすい

ることや心地よく感じることをしていくことが重要です。

たったそれだけなので、とてもかんたんで、それを自分で自分に許可するだけなのです。

これについて、より詳しく知りたい場合は、『神さまとの直通電話』『神さまからの急速充電』（共に王様文庫／三笠書房）を参照ください。

そもそも、「自分が神さまである」と知った状態でいると、神さまとコンタクトをとることがとてもスムーズになります。

神さま同士ですから、波動――つまり周

波数が合うんですね。
しかも、神さまモードで生きる、つまり「ハイヤーセルフ」として生きるわけですから、ものごとを直感で選んだり、判断できたりするようになります。いわゆる、「降《お》りてくる」「降《ふ》ってくる」ということです。これって、結構、無敵な感じがしますよね！

本書は、おなじみの神さまや神遣《つか》いの御眷属《ごけんぞく》、目に見えない存在たちのお話になります。しかし、〝目に見えない存在〟に含まれる守護霊、指導霊、そして浮遊霊などは登場しません。そのため、ここでおおまかに説明しておきます。

まず、「守護霊」について。こちらは、自分を守って導《みちび》いてくれる〝元人間の意識〟で、ほぼ人間と同じようなアドバイスばかりくれます。ちょっとはいいことを言ってくれますけどね！（笑）

続いて「指導霊」。指導霊は、何かに一生懸命になるとサポートに入り、どんどんうまくいくように力を貸してくれます。守護霊が家庭教師のような役割だとすると、指導霊はあなたが目指している部門の有名な監督がついた感じです。成長過程によって、今までの指導霊と交代して、より強力なスペシャリストがついてくれます。

「浮遊霊」は、死んだのに死にきれない人間の意識です。死んだことに気がついていない場合もあります。浮遊霊にアクセスしてアドバイスをもらってしまうと、とんでもない方向に行ってしまうことも……。時々、浮遊霊とつながることと神さまとつながることをごっちゃにしている霊能者がいま

す。なぜなら、浮遊霊は神さまのモノマネができるからです。そういう人のアドバイスは、マイナス思考のものや心が重くなるものばかりなので、すぐに見分けがつきます。

ちなみに私の守護霊は、私の友人Kさんの守護霊と話が合うみたいで、Kさんに会うと、守護霊同士も会話しているそうです。守護霊がバッチリ見える友人と3人で会ったときに、Kさんと私の守護霊を見て驚いていました（笑）。

神さまと上下関係をつくらない

人間関係で、やたら上下関係を意識してしまう人には難しいかもしれませんが、本来、神さまも私たちも、どちらが偉《えら》いのか、どちらが上なのかという優劣はありません。そのようにヒエラルキーをつくるのは、時代遅れです。

フラットに、コミュニケーションをとっていきましょう。

もちろん、お互いに敬意や感謝の気持ちを抱いて、関係を築《きず》いていくことは大切なことです。３次元も、もはやブロックチェーンの時代です。

つまり、どこかで誰かが中心となって、支配したり、コントロールしたりするのではなく、全員が、全員の記録を共有できる時代に移行しつつあります。

地球は……、少しずつではありますが、〝全員神さま時代〟である黄金期にシフト中であると言えます。

神さまとつながることができるのを自慢してくる人は要注意！

ここで、ひとつ注意していただきたいポイントがあります。

それは、〝見えない存在〟を見える・聞こえる・感じることができるのを、他人に自慢したり、ひけらかしたりしてくる人です。

先にもお伝えしましたが、誰でも神さまとつながることができます。それなのに、時々、それができる人を神さまのように崇《あが》めている人を見受けます。そもそも、神のように崇められて、その気になっているほうも、裸の王様のようなもの。

さらに注意したいのが、神さまとコンタクトができることを武器に、人をコントロールしようとしてくる人の場合です。

具体的には、「神さまがこのように言っている」と言い、その人の心や行動を制限させたり、落ち込ませたり、みんなの前で恥をかかせるようなことを言ったりしてきます。また、エゴや欲をとことん罰してきたりする場合もあります。

人間は、欲があって当たり前。それを諭《さと》そうとしてくる人ほど、自分の欲を抑《おさ》えている可能性があります。万が一、「神さまとコンタクトができる」という人が、あな

たに言ってきたことに対して、あなたが嫌な気持ちになったり、心が苦しくなったり、悲しくなったり、罪悪感や劣等感を突かれるようなことがあったりしたら、それは、その人の固定観念が入っていたり、神さまとの翻訳機能が故障していたり、さらに浮遊霊とつながっていたりなんてことも！

もしも、そのような人に出くわしてしまった場合は、「何かおかしいぞ！」と思う自分の感覚を大事にしてください。自分の感覚がいちばん大事なのです。あなたにとって心地良いことが真実であり、心地良くないことは真実ではありません。

そして、神さまからのメッセージは、愛のパワーが溢《あふ》れていますから、受けとる側は、嬉《うれ》しくなったり、温かい気持ちになったり、楽しくなったり、愛や感謝を感じられたりするものなのです。

ですので、「私こそが神だ！」と、やたら偉そうにしている人に出くわしたら、すかさず、このように返答しましょう！

リピートアフターミー！

「ミートゥー（Ｍｅｔｏｏ）！」（私も！）

もうひとつ、霊能者が神さまを崇めすぎている場合も要注意です。「ははあ〜！　仰《おお》せの通り〜！」と、まるで召使《めしつか》いのようになっていたら、「なんだか、ちょっと怪《あや》しいぞ！」と思ってください。

神さまとは、上下関係ではなく、もっとフラットな関係性を築いていけるものなので。

神さまへのノックはこちらから

神さまからつながろうとしてくれることは、ごく稀《まれ》にあるのですが、慣《な》れないうちは、こちらからアクションを起こしたほうが、圧倒的につながりやすいです。

そして、慣れてくると自動的につながることもあります。

人間同士もそうですよね！
憧《あこが》れの人や知り合いになりたい人がいたとして、向こうから連絡がくるのを待っているだけでは、なかなか進展しないもの。

でも、自分の存在をアピールしてみたり、自分から何度もコンタクトをとろうとしてみたりすることで、まずは自分の存在をなんとなくでも相手に知ってもらうことができます。そして、うまくいけば、親しい間柄になることもできるでしょう。

神さまも同じ。自分からコンタクトをとることが重要です。

神さまに予約する

神さまとつながりやすい場所があります。

それは、神社仏閣、教会、大自然、神聖な場所、聖地のそばのホテル、やたら波動や氣《き》のいい場所などです。そこにいけば、自動的に「神さまＷｉ－ｆｉ」に接続される感じ、とでも言いましょうか。敏感な人は、そこへ近づいて行くと、頭の上のほうがサーッと開く感じとでも言いましょうか。「あっ、今つながった！」という感じで、何かしらの変化を察知することができます。

特につながりやすいのは、神社の鳥居をくぐった瞬間です。鳥居の結界パワーはすごいと、いつも思います。

そのような聖地に向かうときは、アポなしで行ってもよいのですが、アポをとってからお伺《うかが》いすると、神さま側は準備をして待っていてくれることもあります（急に迷い込んでたどり着く場合もありますが、それはそれでOK！）。
前日でもいいので、名前を言って（住所や電話番号も伝えたかったら伝えてください）、「明日、行きます！」と心の中で伝えておきましょう。

ちなみに、その神社を紹介してくれた人や一緒に行く人のことも、事前に伝えておくと、なおGOODです。

お店を予約する際にも、あらかじめ名前や電話番号を伝えますし、○○さんの紹介でと言うと「あ、○○さんの紹介ね！」と快《こころよ》くお店も受けてくれますよね。それと同じです。

また、そのように出向いていく方法と、こちらに呼んでコンタクトをとる方法の2つがあり、神さまと仲よくなると、電話したり、SNSをしたりできるのと同じように、いつでも気軽にコンタクトできるようになります。

神さまとつながりやすくなるコツ

神さまとつながりやすくなるためにはどうしたらよいか。

それは、自分自身（ハイヤーセルフ）とつながる方法と似ているのですが、自分の気分をよい状態にしておくことがとても大事です。

私たちは、いつも思考し、あれこれ考えています。脳内でパソコンのデスクトップのようにファイルがたくさん開かれていると、神さまとの回線がつながりにくくなります。ラジオでいうと、雑音が入りすぎて聴こえない感じです。

そのため、まずはいったん無心の状態になりましょう。無心になるには瞑想《めいそう》がオススメですが、難しい場合は、頭を休めて体だけに意識を向けると、すぐに浮遊中だった意識が今の意識に切り替わり、「無」を感じることができます。

不安や心配、モヤモヤする感情、イヤな気持ちがある場合は、ただそれを、川の流れのようにサラサラサラサラ〜っと受け流せば、そのまま通りすぎてくれます。

しかし、それを掴《つか》んで、何度も脳内でリピートしてしまうときは、そのような重苦しい波動をキレイに浄化し、意識を今に戻してください。

今ここは、今のこの瞬間というのは、よくも悪くも何からも影響を受けていないので、とても安全で、平和で、そしてなんの心配も不安もなく、幸せな状態です。

私たちの波動は、もともとても軽いものです。もし、あなたが心地よい状態でなくなったときは、自分の本来の波動とズレている証拠。

そのような状態だと、神さまとの回線がつながりにくくなっていると考えてください。

自分の意識がここにないと、神さまとコンタクトはとれない

あなたの意識が、今この場に〝いない〟と、神さまとのコンタクトをとることはできません。それは、神さまとのコンタクトで使うのが「意識」だからです。

あなたの意識は今どこにいますか？

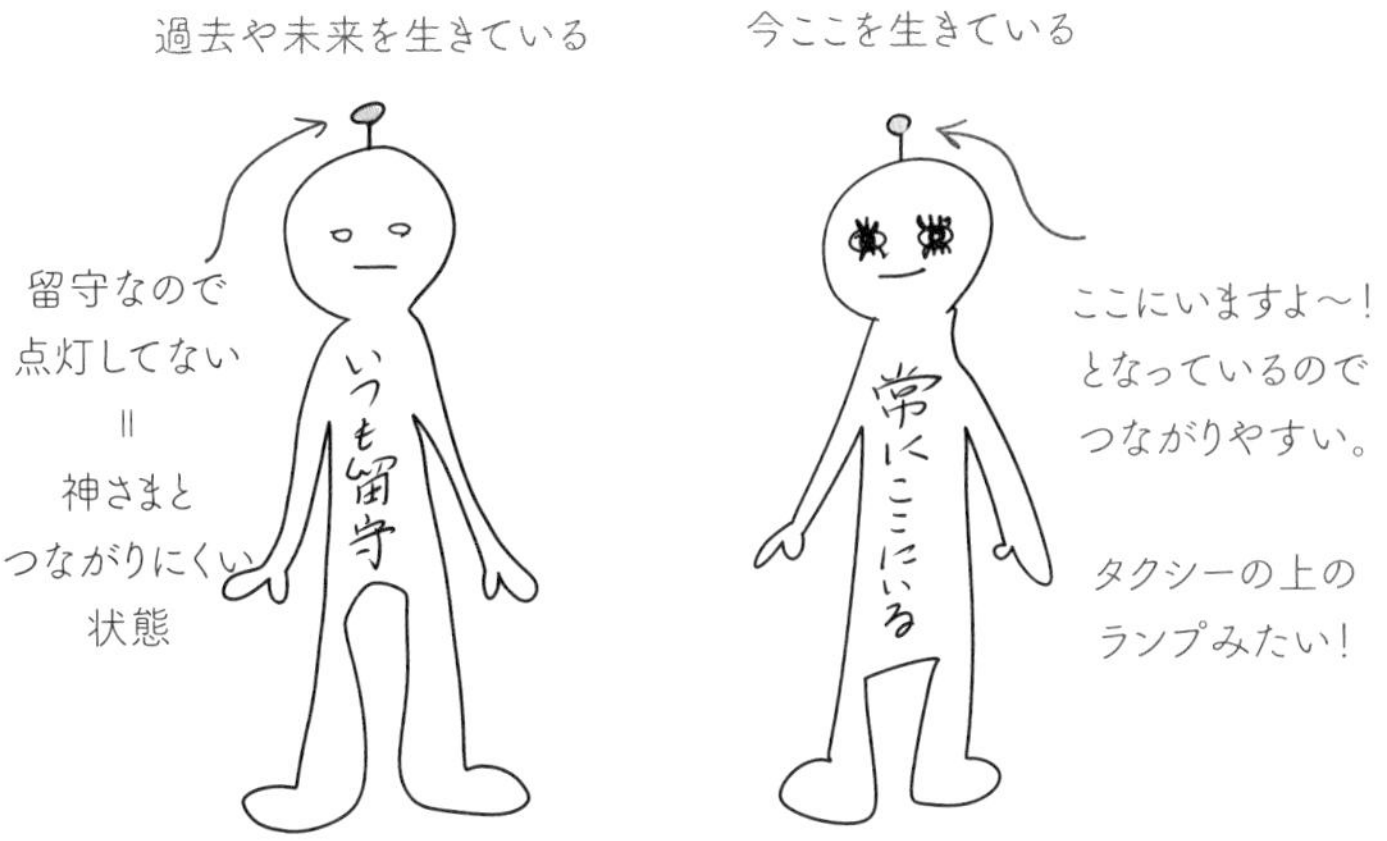
過去や未来を生きている
今ここを生きている
留守なので
点灯してない
＝
神さまと
つながりにくい
状態
いつも留守
常にここにいる
ここにいますよ～！
となっているので
つながりやすい。
タクシーの上の
ランプみたい！

意識が過去や未来に出かけていると、今のあなた自身が留守になってしまっているため、電話がつながりません。そして、神さまは留守電にいちいちメッセージを残してくれるわけでもありません。

もし、自分の意識が「外出している」と感じたら、また自分の波動が乱れていると感じたら、ワーク（54ページ参照）などを行って波動を整え、意識を今この場に戻してからコンタクトをとるようにしましょう。

また、意識が今この場にあれば、どの神さまとも回線がつながりやすくなります。

さらに、波動を整えることを習慣化すると、自分の軸《じく》にすぐに戻ることができるので、周《まわ》りにいちいち振り回されることがなくなります。外的なものにコントロールされる人生ではなく、人生はすべて自分が創造していることに気づいていきます。自分でコントロールできるようになると自信もつきますし、人生が楽しくて仕方ないという状態になっていくでしょう。

一石二鳥、いや一石三鳥……、いや一石十鳥以上の人生を送れるようになるでしょう。

「かんたんモード」設定を今すぐに！

神さまとコンタクトをとるとき、「私には無理」「難しい」という思い込みがあると、それがそのまま現実になってしまいます。

いいですか⁉

神さまとコンタクトをとることはかんたんです。誰にでもできますし、普通のことです。

そのように、今すぐ頭の中で「私にはかんたんにできる！」と、設定を「かんたんモード」にしてください。あなたがそう思えば、設定完了です。

とてもシンプルなことですが、すごく大事なことです。逆に言えば、大事なことこそ、かんたんでシンプルなのです。ある意味、人間関係も同じですよね。「あの人に会いたい！」と思い、会えると信じてちゃんと行動すれば、会える可能性がぐっと増えます。しかし、「あの人とは住む世界が違うから無理」と決めつけ、自ら行動しなければ、おそらく一生会うことはないでしょう。

私たちは、この地球において、かんたんでシンプルなことを、より難しくしていくことをあえて選び、そうやって〝遊んで〟きました。なぜなら、地球にやって来る前と同じでは、地球に来た甲斐《かい》がないし、面白くないからです。

しかし、もうそろそろ、それにも飽《あ》きてきたころではないかと思います。というわけで、これからはあえて難しくする必要はありません。かんたん、シンプルでいいのです。

それと、「前世がこうだったから、現世はこうなんだ！」という、前世遊びをしていませんか？　私も好きでたまにしますが、あくまで、趣味です！（笑）それによって、人生を変に左右されることはありません。

ほかにも、「これは因果応報《いんがおうほう》だから、これから大変なことになる」と、因果応報遊びにも心当たりがある人がいるかもしれません。

もちろん、そのような遊びが好きなら、その面倒なループ遊びを体験し続けてもいいんです。

あなたは、シンプル／複雑、かんたん／難しい……どちらがいいですか？

死んでから霊界を彷徨《さまよ》いますか？

死んでから宇宙を楽しみまくりますか？

どちらを選んでもいいのです。あなたが決めてください。
その権限は、あなたにあるのですから。

神社仏閣や教会、聖地等を訪れるときのポイント

神社仏閣や教会、聖地（上記まとめて以下「聖地」）などには、楽しい感覚で行きましょう。ちなみに、私はディズニーランドに行くような気持ちで訪れるようにしています。

その神さまに紹介したい人、一緒に遊びたい人を連れて行くのもいいですし、みんなが楽しそうにしていてくれたほうが神さまも嬉しいようです。いろんな聖地を巡っていくことで、「あっ、その人、うちにもきたよ！」というふうに、神さま同士の横

のつながりも増えます。

また、聖地を巡っていると、たくさんのシンクロが組み合わさって、逆にいろんな聖地に呼ばれるということが起こります。


少し話はそれますが、私は「水つなぎ」ということをしています。聖地で汲《く》んだ水を、別の聖地に撒《ま》きます。そして、その聖地でも水を汲み、また別の聖地で撒いていきます。

ほかにも、自宅近くの神社のご神水を汲んで、参拝に訪れた神社や聖地に撒いたあと、そこの水を汲んで再び自宅近くの神社に撒きます。

水は、多くの情報を含んでいます。「水つなぎ」をすることによって、水同士が情報を交換し、地球にも、そして神さまにも有益な情報をもたらし、貢献することができるのです。

会いに行っても、SNSのようにアクセスしてもOK!

神さまに会いに行ってどうするか？　神さまを呼んでどうするか？

聖地に行く場合は、聖地自体がつながりやすい場所なので、いろいろなトークをしてください。神社仏閣や神聖な場所は、たどり着くまでの道のりにある森林や川の流れ、風や光、あるいはその聖域の場所自体にパワーがあり、さらに浄化の機能もとり揃えているので、普段よりもさらに神さまとつながりやすいのです。ちなみに、神さま自体はその場所に住んでいるわけではなく、面会する場所とでも言いましょうか……なんとなくそのようにイメージしていただくとわかりやすいと思います。

あなたがつながりたいご指名の神さまがいる場合は、その神さまの名前を呼んでからにしましょう。できれば、声に出して名前を呼んでください！

これ、とても重要なポイントです。

ですが、神さまの名前を言わずとも、サクッとつながってしまうこともあります。そして、話をしてからどの神さまとつながったかがわかることもあります。神さまの名前がわからないときは、それはそれでOK。いろいろ教えてくれるので、感謝しましょう。

意識が散漫になっていたら、54ページのワークなどをしてから呼ぶようにしてみてください。その際、いちばんのポイントとなるのは、「誰に、何について質問するのか」、さらに「何を知りたいのか」を明確にしておくことです。

質問をしたり、アドバイスを求めたりすると、何かしらの答えや合図が返ってきます。もし、いただいた回答で意味がわからなかった場合は、再びそれはどういうことかを聞いてみましょう。

ヴィジョンが浮かぶ人の場合

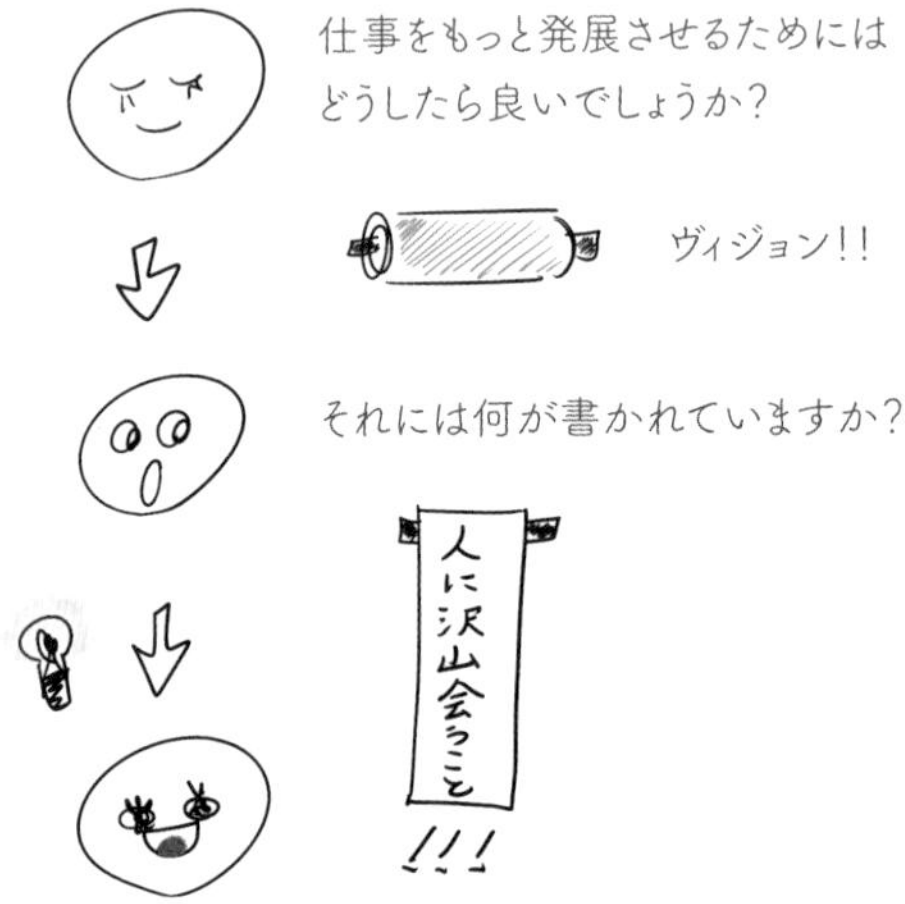
仕事をもっと発展させるためには
どうしたら良いでしょうか？
ヴィジョン!!
それには何が書かれていますか？
人に沢山会うこと
!!!

どんどんマクロからミクロに回答を導き出していくのです。

最初に見えたり感じたりしたイメージだけでは、意味がわからないこともあるでしょう。どんどん遠慮なく聞いていくことで、具体的に教えてもらってください。
「もっとわかりやすく教えてください」
などと伝えてもいいでしょう。

たとえば、海外に行って言葉が通じないとき、「パードゥン!?」と聞いたり、ジェスチャーを交えたりして、なんとかコミュニケーションをとろうとしますよね？　それと同じような感じです。

また、その場で回答が得られない場合には、夢の中であったり、時間差でハッと受けとったりします。

ですので、焦《あせ》らずに、ゆるりと受信する心構えでいましょう。

ちなみに、神さまは誰かとコンタクトしている最中でも、他の人ともコンタクトをとることができます。なので、話し中になることはありません。

メッセージの受けとり方は人それぞれ異なる

メッセージの受信の仕方は、人それぞれ異なります。

・声で聞こえてくる
・心の映像で見える
・文字が出てくる
・感覚的に〝なんとなく〟受けとる
・夢の中で受けとる
・早朝に受けとる
・寝る前のうとうとしているときに受けとる
・物理的に目に入ったものや聞こえてきた言葉で受けとる
・その場所や目的地に行くまでの道のりでの出来事で把握《はあく》する
・自然や動物の合図などで受けとる

・直感的に降りてくる

・感情として湧いてくる

と、じつにさまざまです。

ちなみに私は映像で受けとるタイプです。また、絵を描くとよく開通しますので、本書では、絵を描きながら神さまとコンタクトをとりました。

実践してみて、自分がどのタイプなのか把握しておくと、コンタクトがとりやすくなります。聞こえるタイプではないのに、「聞こえない」と騒《さわ》いでいる人がたまにいるのですが、そういう場合は、違う受信の方法を試してみましょう。

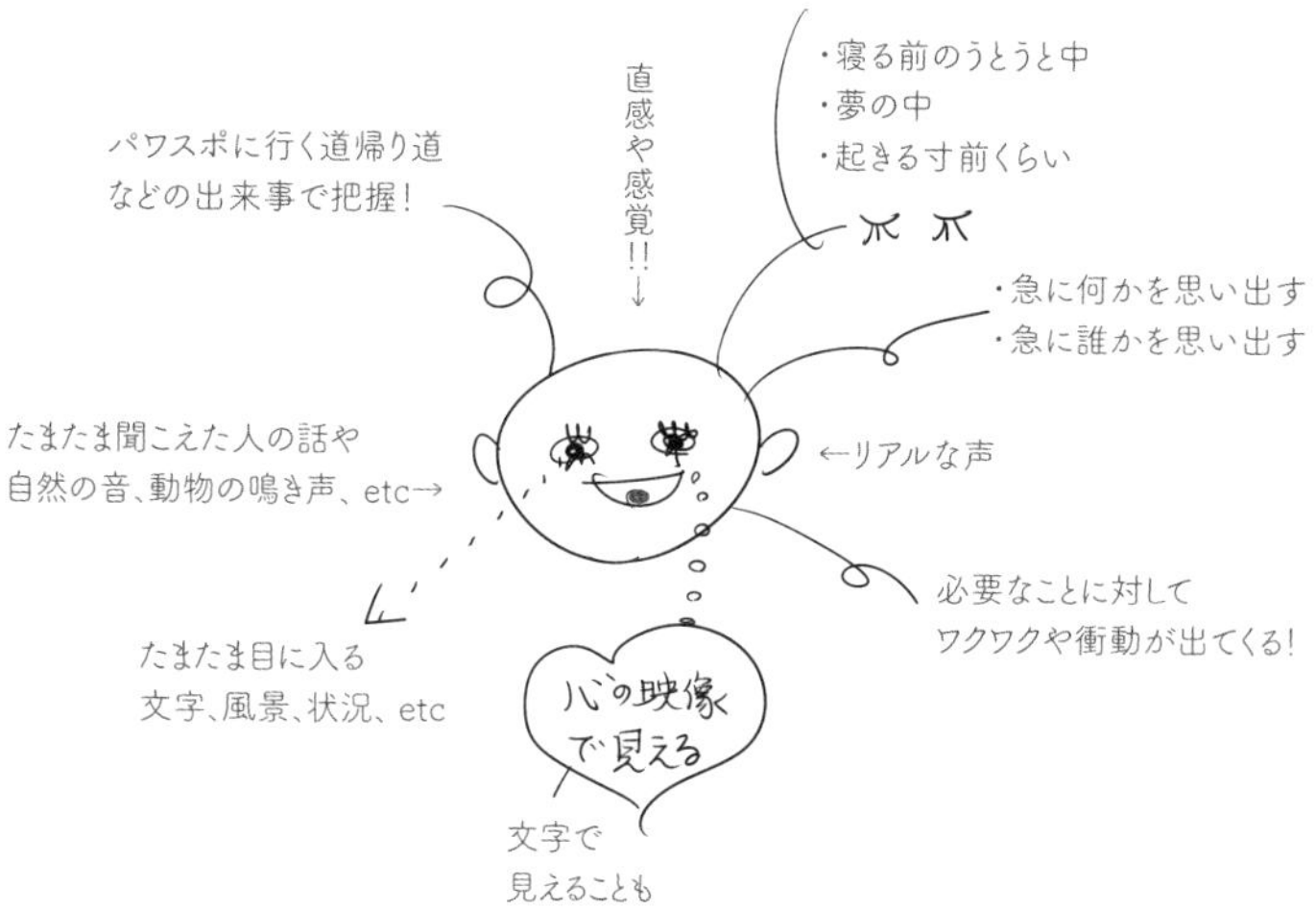

・寝る前のうとうと中
・夢の中
・起きる寸前くらい
直感や感覚!!↓
パワスポに行く道帰り道
などの出来事で把握！
・急に何かを思い出す
・急に誰かを思い出す
たまたま聞こえた人の話や
自然の音、動物の鳴き声、etc→
←リアルな声
必要なことに対して
ワクワクや衝動が出てくる！
たまたま目に入る
文字、風景、状況、etc
心の映像で見える
文字で
見えることも

人によっては、ネットで画像を見ると、いきなりつながったり、音楽を聴くとつながりやすくなったりする人もいます。ちなみに、ネットの画像は私もすぐにつながります。私の友人は、とある講演会で講演を聴いている最中に、神さまコンタクトをしていました。また、別の友人は、旅行中、パリの博物館やノートルダム大聖堂（現在修復中）、スペインのサグラダファミリアでもサクサクつながっていました。その隣で、私も神さまとコンタクトをしたのですが、とくに、歴史ある博物館で見た映像は3年後くらいまでの未来で、まるで映画の予告編のようなものでした。

神さまとつながれる場所は至《いた》るところにあります。コンサート会場など氣が上がっている場所や車の運転中のほか、中にはどこでもON／OFFを自由自在に切り替えられる人もいます。

また、無意識に、ずっと神さま回路をONにしっぱなしで、かつ、いろんな情報が入ってくるのに、スルーしている人もいます。ナチュラルサイキッカー的な人です。この場合は、それに気づくだけで、少しずつ自分でコントロールできるようになっていきます。

「妄想」と「神さまからのメッセージ」の受信の違いについて

ありがちなこととして、神さまからのメッセージであるにもかかわらず、「これは単なる妄想《もうそう》なのでは!?」と思ってしまうこと。不思議な体験、感覚になるので、最初は戸惑う人もいると思います。そんなときは、ボ～ッとしていても勝手に流れてくるものが、「神さまからのメッセージ」だと思い、受けとってください。

「妄想」と「神さまからのメッセージ」を見分けるコツをご紹介しましょう。

【妄想の場合】

・頭でいろいろ考えて絞《しぼ》り出す（大丈夫かな、これでいいのかな、どうかな、など）

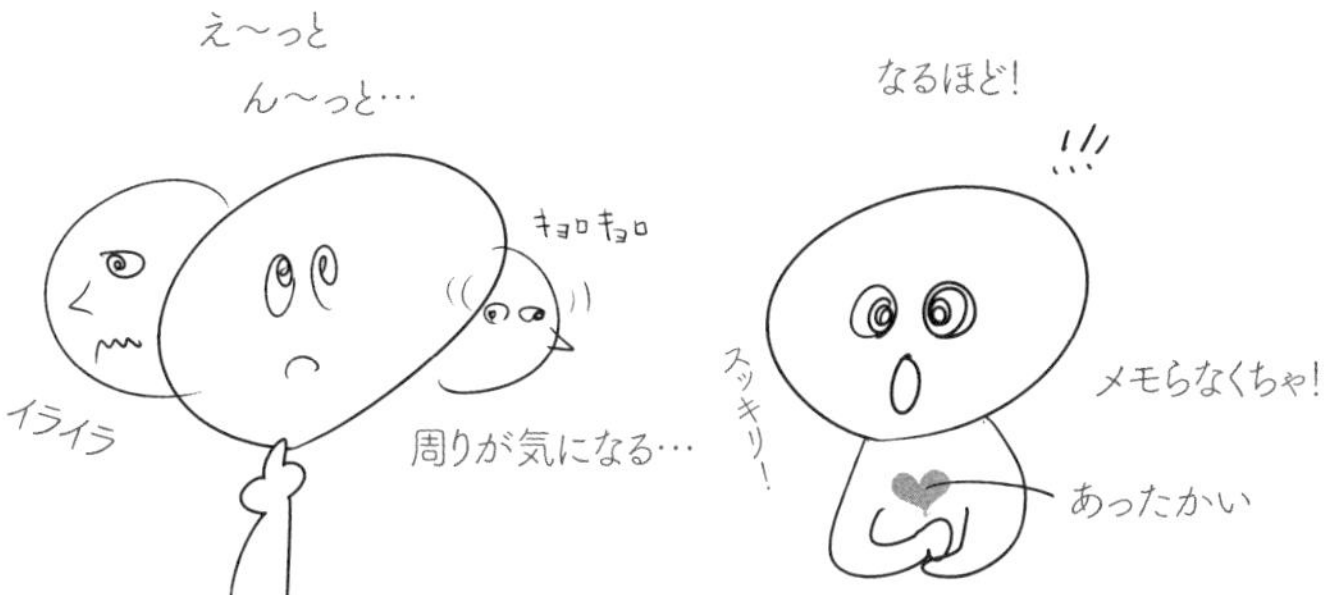
え～っと
ん～っと…
キョロキョロ
イライラ
周りが気になる…
なるほど!
スッキリ!
メモらなくちゃ!
あったかい

・計算が入る（周りにどう思われるかを考える、など）
・イライラしている
・そこに愛を感じない

【神さまからのメッセージの場合】
・受けとったときに、「はっ！」「なるほど！」「メモらなくちゃ」となる
・考えなくても、どんどん湧《わ》いて出てくる
・温かい気持ち、スッキリとした気持ちになる
・そこに愛を感じる

あとですね、そのときに出てくる映像や感じ方を頭で考えて否定しないことです。これがものすごく大事！　なぜなら、霊能者・能力者として活躍している人は、ここを否定しない人ということになるからです。ただそれだけなのです。思考で判断すると、そこから思考モードになり、その先が見えなくなってしまいます。

流れのままに、そのときの自分を信頼して、進めていきましょう。

神さまとのコンタクトは、その人を介した翻訳

タロットカードの占いをするときもそうなのですが、そこには解釈する人、つまり占う人のフィルター（判断の元となる心情や観点）が入ります。

自分のことで悩んでいる人が、他人をタロットで占うと大変なことになります。鑑定結果が、相談者の状況ではなく、占い師の結果になってしまうからです。

占いをする人は、占う前に自分をよい状態にしておくことが大事です。

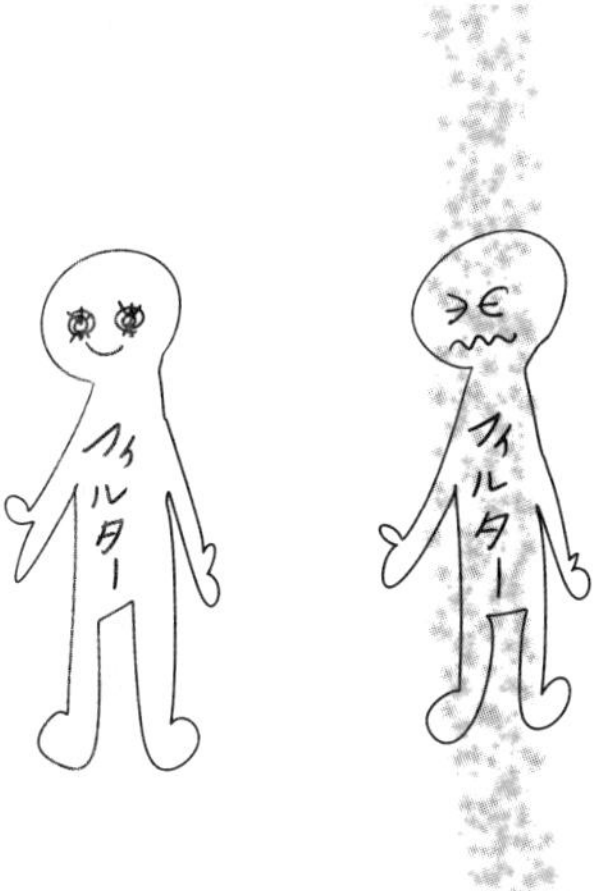

よって、第2章でご紹介するワークを行って、自分をキレイにクリアにしてから、神さまにコンタクトをとることをオススメいたします！

キャメ
神コラム

私がこれまで体験した、ちょっぴり不思議な神さまとのエピソードをご紹介します！

三峯神社の祈祷中に見えた映像

三峯《みつみね》神社（埼玉県秩父市）でご祈祷《きとう》中、自分の今後の仕事について神さまに質問をしたときのことです。

「これからの私の仕事、どんな感じに進みますか？」と質問しました。

すると、本がドン、ドン、ドンドンドン!!!と視界を覆《おお》うくらい出てきたんです。そこで私は、「なるほど、本をたくさん書くモードなのですね」と理解しました。

最初にドン！と現れたのが、白い表紙が印象的な

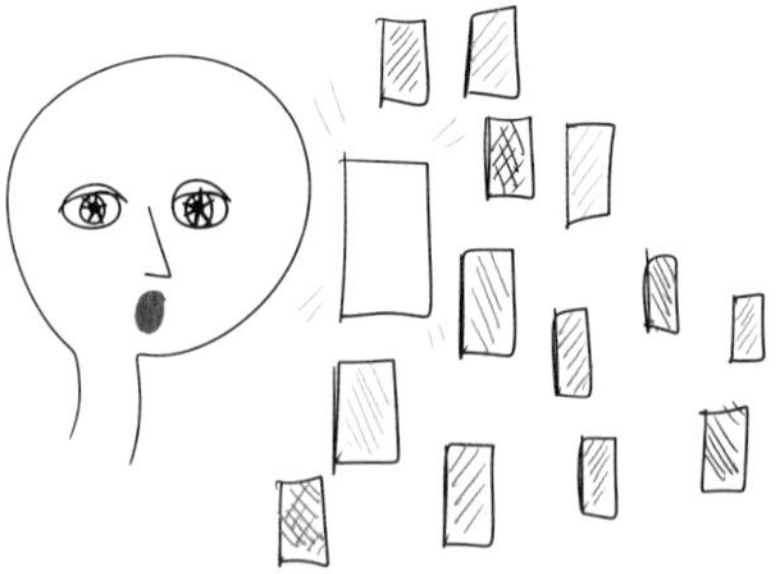

本でした。実際に、その後、多くの本を出版する流れになり、祈祷後に出した本は白を基調としたもので、そのときの映像とばっちりリンクしていました。

勝手に除霊した人の末路とは

私は、弁財天さんとその御眷属《ごけんぞく》の白蛇さんと仲よしなので、白蛇さんがいつも見守ってくれています。

あるとき、霊能力のある人から、私に多くの白蛇がついているので除霊しないといけないと言われ、その場で突然、白蛇さんをすべて除霊する儀式を始めたのです。

ところが、白蛇さんがその人に噛《か》みついたようで、除霊した日の晩と翌日、足が痛くなったり、手が痛くなったりなど、ひどい目にあったと聞きました。

そもそも、白蛇さんを〝悪〟と決めつけて退治しようとしたので、「それは白蛇さんに噛まれて当然かも」と思いました。誰でも悪者扱いされたらイヤですよね。

結果としては、後日、私の元に白蛇さん御一行が帰ってきました（笑）。

そういえば。その人に会う朝、神棚の白蛇の鈴が落ちて割れたので、白蛇さんが嫌がっていたのかもしれません。

ヤマトタケルが走ってくる夢

宝登山《ほどさん》神社（埼玉県秩父郡長瀞町《ながとろまち》）へ参拝に行く前日、「明日行くのでよろしくお願いします！」と交信したところ、その日の夜にヤマトタケルが2匹のお犬さまを連れて、すごい勢いで山から私を迎えに来る、という夢を見ました。大歓迎モードのようでした。

そして次の日、宝登山神社に行き、絵馬を授かったのですが、なんとその絵馬にはヤマトタケルと2匹のお犬さまの絵が描かれており、夢の画像とまったく一緒だったんです！

これは、映像を先に見せてくれたという実例です。

ちなみに、実は宝登山神社のご神水のパワーは凄《すさ》まじく、パワーストーンを浄化させていただいた際、ものすごくキラッキラ輝くようになり、波動もびっくりするくらいに軽くなったのです。

宮古島の水祭り

宮古島での水祭りに参加したときのことです。

「水祭り」は、全国の聖水やご神水を集めて混ぜ合わせ（私が参加したときは150カ所以上集まりました）、宮古諸島の8島の井戸に感謝と祈りを捧《ささ》げながら水を撒いていくという行事です。最後は、「水を納める島」の水納島の井戸に撒くことになっています。

その後、宮古島から水の龍神が北海道の然別湖《しかりべつこ》に飛んでいくのですが、私たちが儀式を終えて、空港へ向かおうとしたとき、ものすごい暴風と大雨がやってきたんですね。無事に帰ることができるのかな……と心配したのですが、なんと空港付近まで来たところで不思議と晴天に

なったのです！

まるで、水の神さまが「ありがとう！」と言ってくださったかのようでした。

開かずの扉のアマテラスさんを拝む部屋

宮古島から飛び立った水の龍神さまは、北海道の然別湖に旅立ちます。

というわけで、ちょうど龍神さまが到着する日に、然別湖に行ったときの話をご紹介しましょう。

その時期はちょうど日本全国各地が大雨で、北海道も全域豪雨でした。

旅のプランは、まず稚内《わっかない》に入り、そこからぐるっと富良野を周り、ラベンダー畑などの観光スポットを経由して、車で南下して然別湖に入る、というものだったのですが、不思議と移動するエリアだけがずっと雲ひとつない晴天だったのです！

ちなみに、然別湖に夜到着したときは霧《きり》で覆われていたのですが、翌日はとても穏やかな天候になっていました。ちょうど龍神さまが到着した様子。

また、私が泊まった老舗《しにせ》の大きなホテルには、「アマテラスさまを拝《おが》める部屋がある」という伝説がありました。スタッフの方の何人かに聞いてみたのですが、誰も知りませんでした。

う〜む。しばらくしてから、カウンターにおじいさんが現れたので、おじいさんなら知っているはずだ！と確信し、聞いてみると、「明日の朝、6時にカウンターに来てください」とひと言。

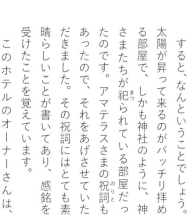

翌朝6時にカウンターに行ってみると、そのおじいさんがカギを持って現れました。そして、最上階まで導かれ、カギがかかった部屋を開けてくださいました。

すると、なんということでしょう。太陽が昇って来るのがバッチリ拝める部屋で、しかも神社のように、神さまたちが祀《まつ》られている部屋だったのです。アマテラスさまの祝詞《のりと》もあったので、それをあげさせていただきました。その祝詞にはとても素晴らしいことが書いてあり、感銘を受けたことを覚えています。

このホテルのオーナーさんは、霊験《れいげん》あらたか（神仏などに祈ることによって不思議な効果・ご利益が得られること）で、神さまと交信されているのだなと感じました。

ちなみに、オーナーの方は、90歳以上のおばあさんだそうです。

とっても不思議で、とても心が温かくなったのを実感した経験でした。

玉置神社の祈祷中に神さまが本殿に降りてくる

玉置《たまき》神社（奈良県吉野郡）でご祈祷をしていただいたときの話です。

禰宜《ねぎ》の方が、「ここにいるといろんなことが起こる」と話してくださいました。実は、本殿の上には普段見えないけれど本当の神殿があって、祈祷中にそこから、神さまたちが降りてくることがあるそうです。その本当の神殿は赤色をしていて、見えるときがあるのだとか。

弁財天さまが祀られている神社は歓迎の印が雨

この玉置神社の近くには、天河大弁財天社《てんかわだいべんざいてんしゃ》があります。こちらに参拝に行ったとき、いきなりザ～っと雨が降ってきました。

しかし、その雨音と虫の音のコラボレーションがとっても心地よく、本殿で雨宿りしつつ、神聖で幸せな気持ちになりました。

弁財天さんは、歓迎の気持ちを、雨を降らせて知らせてくれることが多いのです。

神さまが出雲に集まる、神在月に出雲大社で起きた出来事

出雲大社に正式参拝したあと、近くにある竹内まりやさんのご実家が営んでいる旅館「竹野屋」に泊まりました。

夜、再び出雲大社に散歩に行き、写真をたくさん撮ったのですが……。

あとから、その写真を見てみると、すべての写真に、いろんな神さまが写りまくっていたのです。

私の髪の毛を引っ張っている神さまや、木全体が神さまの顔になっていたりするもの、神さまの顔が木の実のようになって1本の木にたくさんぶら下がっているものなど、至る所に神さまがいたのです（笑）。

写真からは、夜な夜な神さまたちが楽しんでいる様子がうかがえました。

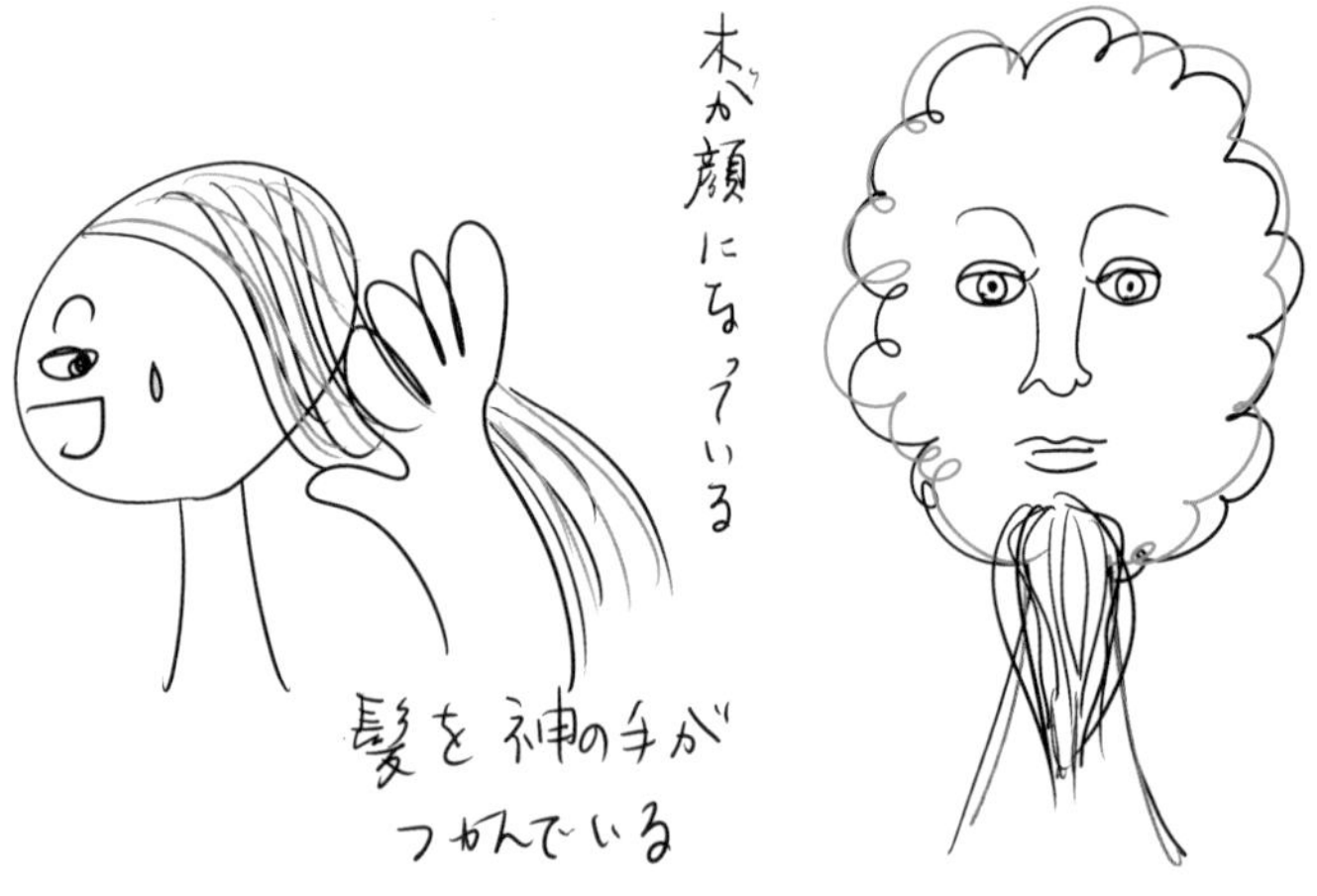
木が顔になっている
髪を神の手がつかんでいる

江島神社と白龍神社の龍神さま

先日、夢の中で、友人と龍神さまに乗って、空に向かっていく夢を見たのです。

その次の日に、なんと！

その友人から、

「江島神社の竜宮大神のところで、龍神が現れた！」

と言って、左の写真が送られてきたのです。

この雲をよ～く見てみてください。青空に龍神さまが写っているではありませんか！

「あっ、この龍神が先に夢で登場してくれたんだな」

と思いまして、早速、江島神社に行くことにしました。

私は、このようなときは、すぐに行動に移すようにしています。

　龍神に関しては、このようなことが多くあり、私がたまたま龍神の絵を描いていると、友人が参拝している神社に龍が現れて、その写真が送られてくるというシンクロもよくあります。


　そうそう、箱根の白龍神社で写真に映ってくれた龍神さまも、こちらにご紹介しておきましょう。

　真ん中の枝の上に、龍神さまのお顔が乗っているのがわかりますか？

第2章

神さまとつながりやすくなる波動を整えるワーク

CHAME CONTACT

グラウンディングで、意識を今この場所に戻す！

地球としっかりつながることで、心や体を安定させ、バランスを整えます。

そして、散漫になっている意識を今この場所（自分）に戻すことで、本来の自分を呼び戻すことができます。これは、神さまとコンタクトをとるうえでとても大事です。

私たちは、絶賛「地球ゲーム」中だと思ってください。ゲームをしていると、途中でセーブすることがあると思います。今から説明することは、そのセーブと似たような機能だと思ってください。


それでは説明します。

立っても座っても、地面でも床でもどちらでもいいので、足を着けた状態（足を組んだり、浮かせたりするのはNG）で、深呼吸をして、息を吐きながら足裏をしっかり着けて地面（床）を押していきます。「ミシミシミシミシ〜!!!」と音を立てて、地球の中心までものすごい勢いで木が根っこを張るようなイメージで行うのがポイントです。

地球の中心まで到達したら、「あ〜グラウンディングしているな〜」と実感しながら、**「セーブ！」**と言ってください。

セーブが完了すると、地球の中心から、とてつもないエネルギーが、ものすごいスピードで自分の心と体に流れてくるのを感じられます。

また、その時々で、あなたにとって必要なカラー（色）が流れ込んできます。そうしたら、そのカラーを気持ちよく足裏から吸収してください。「あ〜いい感じ！」と思ったら完了です。慣れてくると一瞬でできますし、通勤・通学、歯磨き中など、いつでもどこでも、かんたんにできるので、ぜひお試しください！

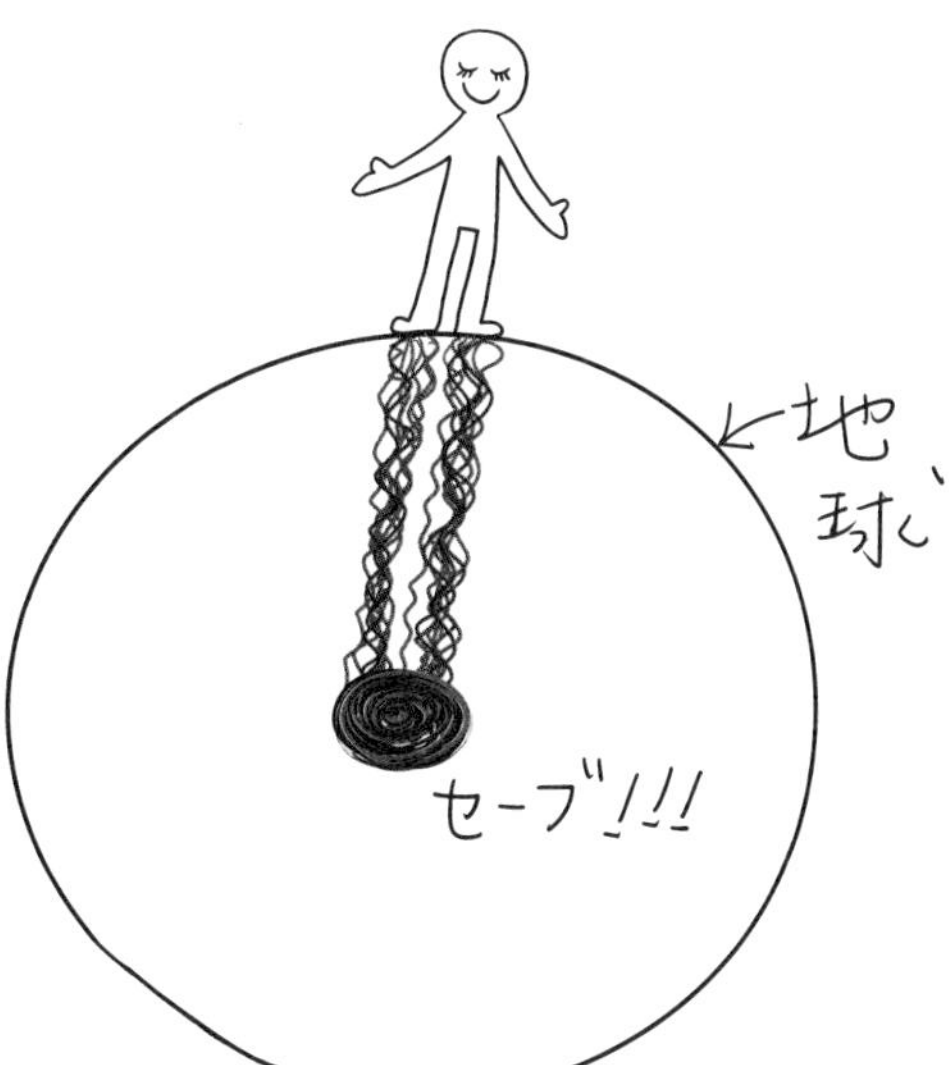

波動をよくするワーク

グラウンディングを行うことは、神さまとつながりやすくなったり、自分の意識を今この場に戻すという点で大事なのですが、この「波動をよくする」ためのワークを行い、つねに波動を軽くしていくといいことだらけになります。

少しでも心地《ここち》よくない気持ちになったら、これから紹介する「波動をよくするワーク」をぜひ行ってみてください。そうしていくと、どんどんあなたの中にある、余分な波動が整理でき、浄化されていきます。逆に言うと、不要な波動だから、心地よくないと感じるのです。なので、それが出てくることはいいことなのです。どんどん出して、そして、波動を軽くさせていきましょう。

普段から行うと、波動をいつもいい状態に保て、とてもハッピーな現実を創造できるようになり、より神さまとのコンタクトもとりやすくなります。波動が軽くていい状態になると、より引き寄せられるようになり、さらにパラレルワールドもどんどん素敵にシフト

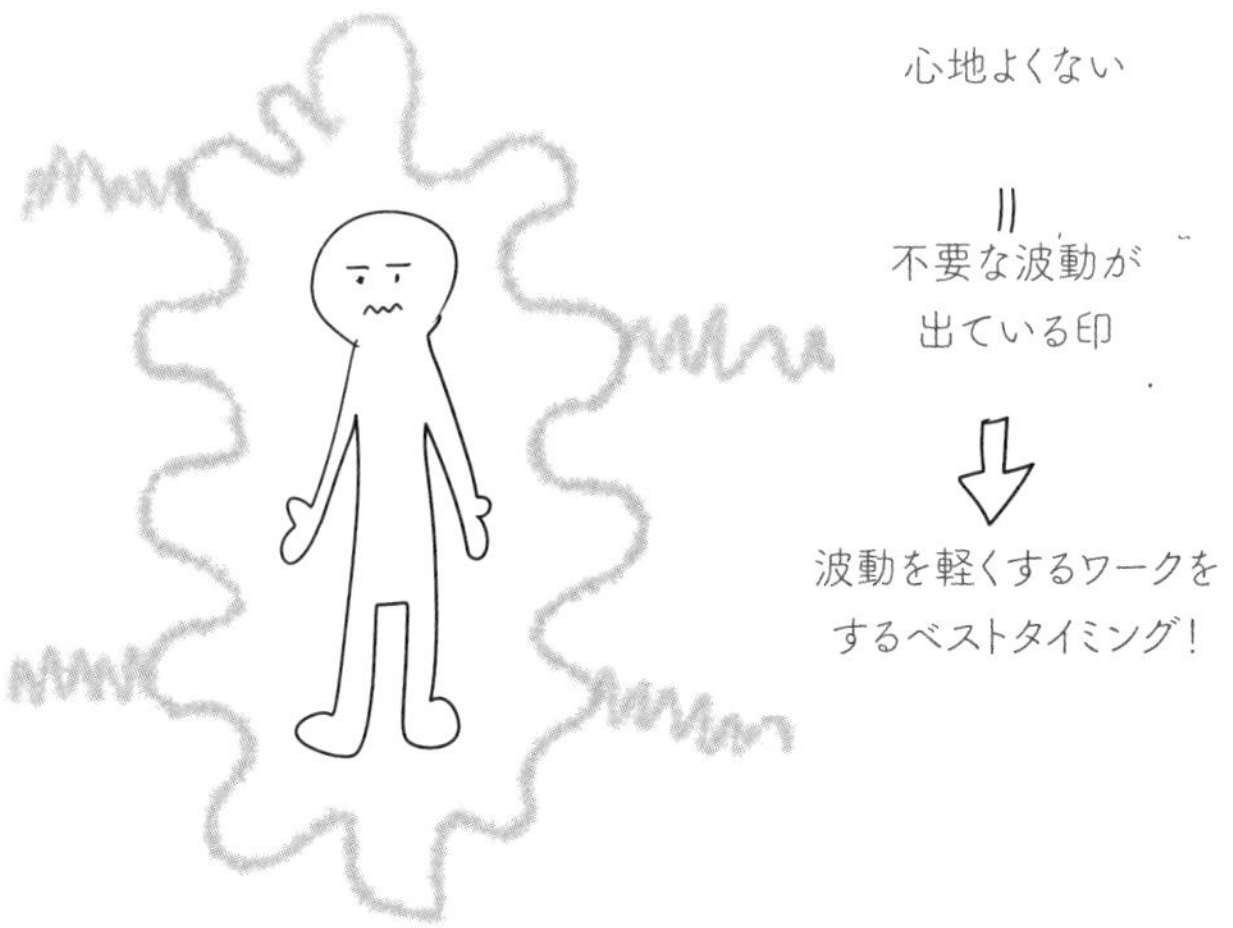
心地よくない
=
不要な波動が
出ている印
波動を軽くするワークを
するベストタイミング！

していきますから、嫌な人がいい人になったり、難しい問題があっさり解決したりなど、面白いことが次々と起きるようになります。

また、「真の自分」であるハイヤーセルフの状態でいられるので、自分の心に聞くだけで、ヒントや答えが見つかるなど、神さまとトークするまでもなく、解決することも多くなるでしょう。さらに、周りに影響されにくくなり、一喜一憂することもなくなります。なので、ゆるりと、楽しく生きることができるようになっていくのです。

次のページから「波動をよくするワーク」を紹介しますので、ぜひ「これが好き！」と直感で思えるようなワークを実践してみましょう。

足の裏で呼吸する

足の裏で呼吸をするイメージをしていくだけでも、波動は軽くなります。

吐く息とともに、足裏からドドドド〜っと、不要なエネルギーが出ていきます。

そして、吸う息とともに、足の裏が開いて、ものすごくキラキラしたエネルギーが入ってきます。

誰かに注意されたり、物ごとがうまく進まなくてちょっとイライラしたりしたときなども使えます（笑）。

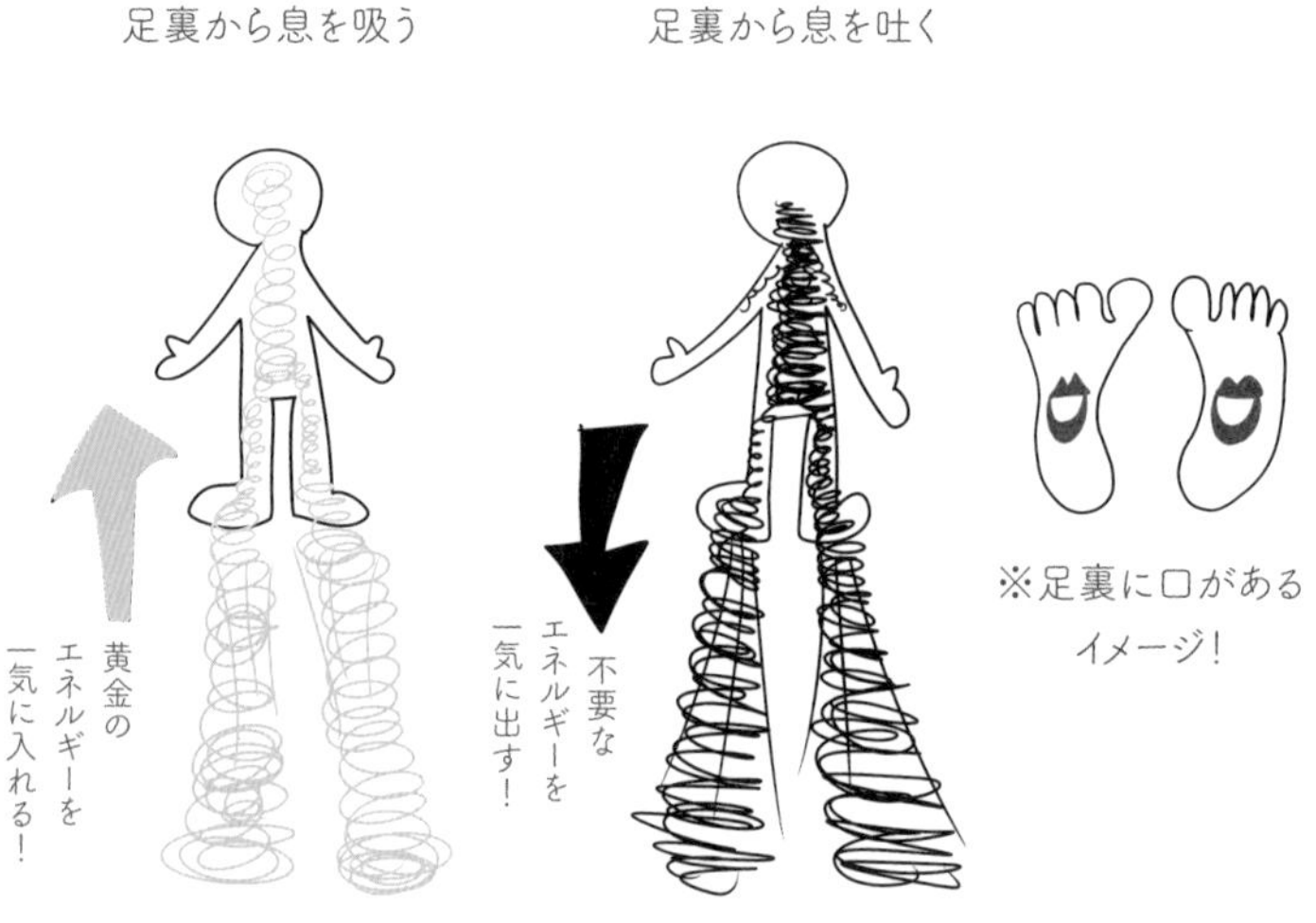
足裏から息を吸う
黄金のエネルギーを一気に入れる！
足裏から息を吐く
不要なエネルギーを一気に出す！
※足裏に口があるイメージ！

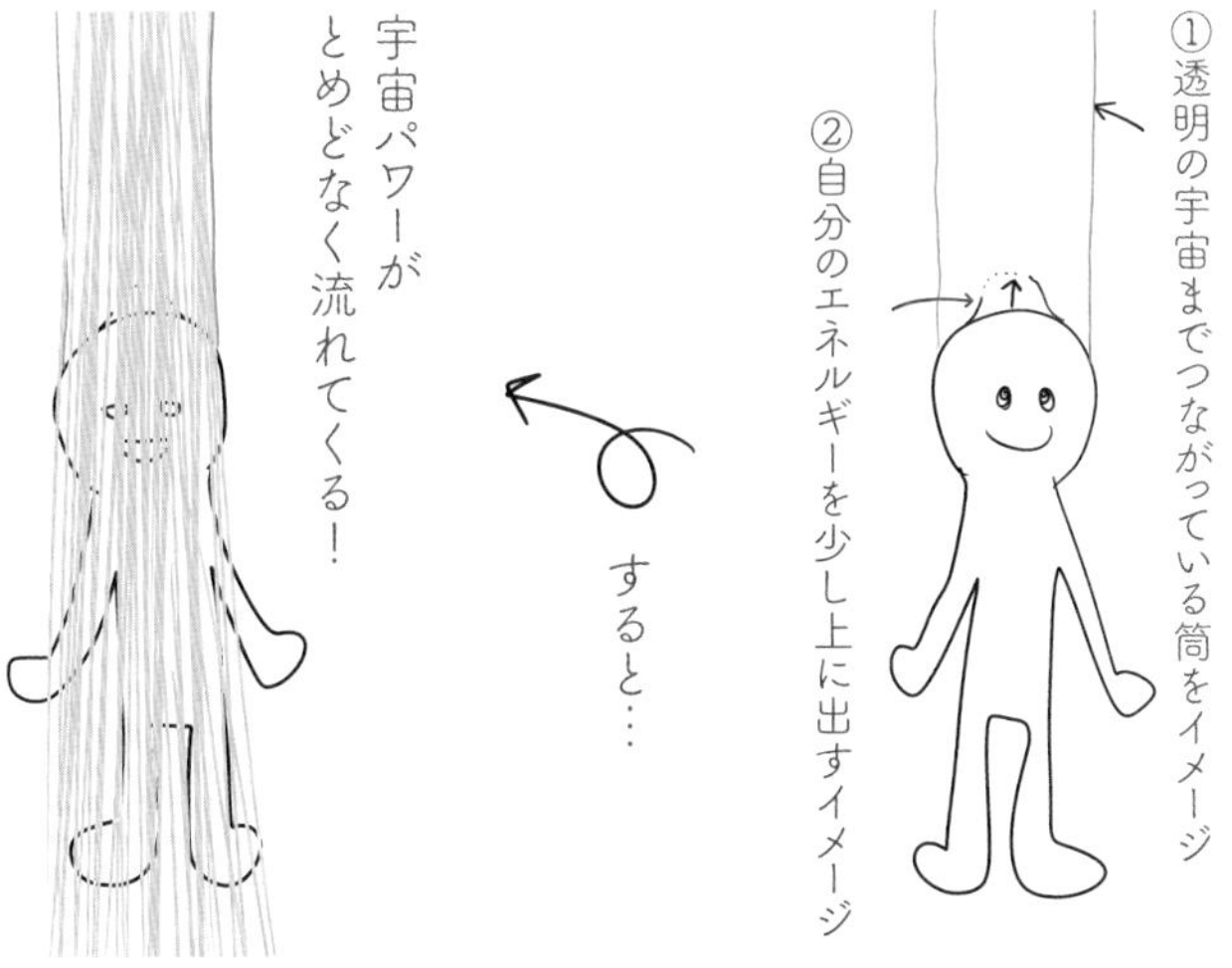

頭上から宇宙パワーが
これでもかと降りてくるワーク

頭の上から、透明な筒《つつ》が宇宙につながっていて、頭上に少し自分のエネルギーを出すイメージをしましょう。ポコっと！

すると、エネルギーをポコっと出した瞬間に、宇宙からとめどなく、ものすごい量の光のエネルギーが「ドドドドドドドド〜〜〜〜!!!!!」とあなたに降りてきて、そしてあなたの体を突き抜けて、足裏から地球の中心までいきます。深呼吸をしながら、しばらくそれを堪能《たんのう》してください。

そして、光のエネルギーは地球の中心から

あなたを通って、宇宙に流れ出ます。

グラウンディングもできるエネルギーワークで、心地いいのでちょこちょこやってみてください。

すごくエネルギーがチャージされますよ！

高波動シャワー

下記のように、目の前にボタンが3つ縦に並んでいるのをイメージしてください。

一番上のボタンを押すと、あなたの頭の宇宙とつながる天空の扉が開きます。

次に、真ん中のボタンを押します。すると、その天空の穴から、超高波動の光のシャワー

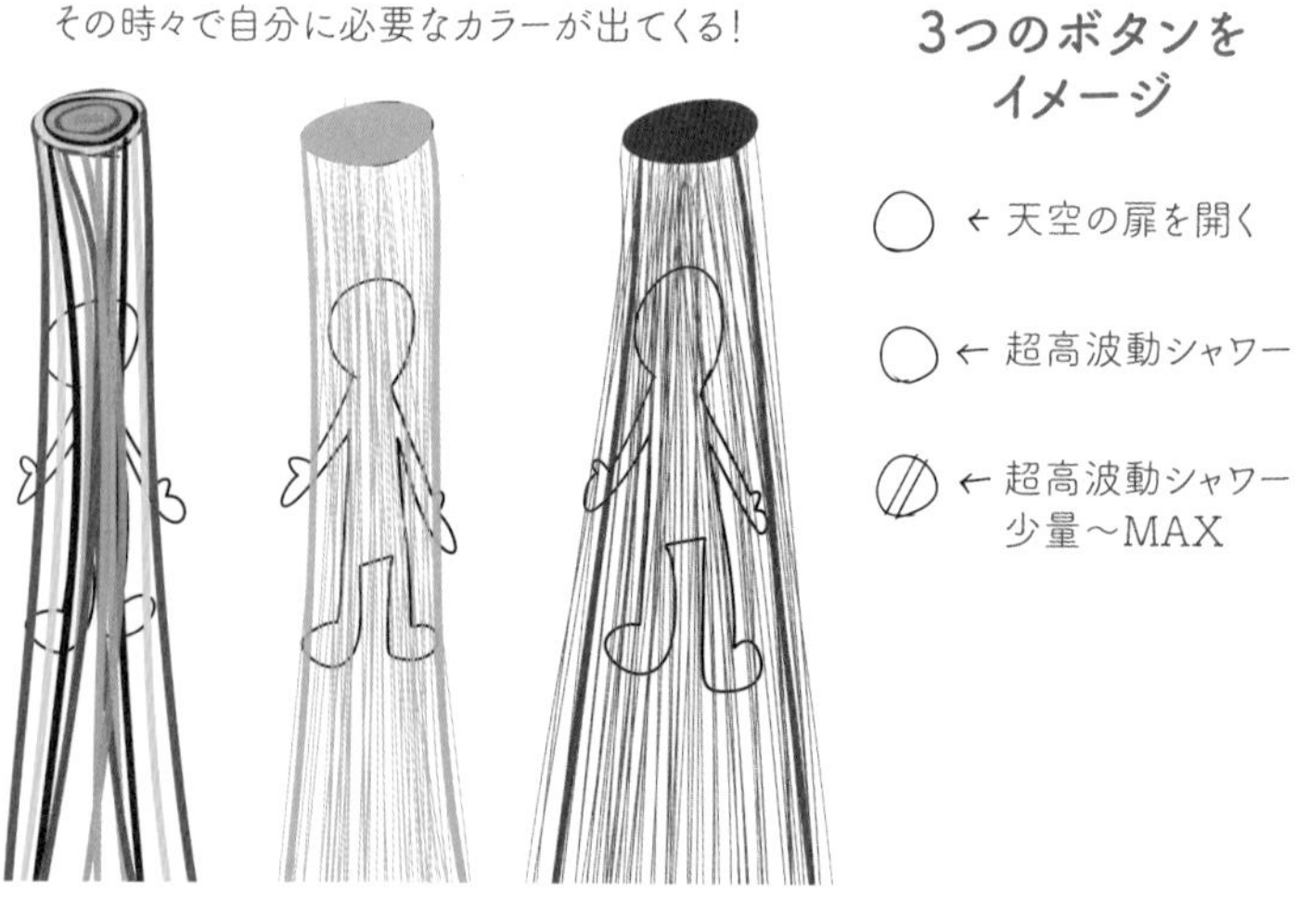
その時々で自分に必要なカラーが出てくる!
3つのボタンをイメージ
← 天空の扉を開く
← 超高波動シャワー
← 超高波動シャワー少量〜MAX

①天空の扉を開く
②超高波動シャワーを出す
③量をMAXにする

が勢いよくあなたに降り注ぎます。それは、レーザービームに近いかもしれません。ものすごい高波動で、黄金に輝いていますが、その時々で自分に必要なカラーが出てきます。真っ赤のときもあれば、紫色、白、鮮《あざ》やかな青のときもあり、その色の変化も楽しんでください。

一番下のボタンはつまみになっていて、ひねるとその超高波動光シャワーの量をMAXまで強めることができます。深呼吸をしながら浴《あ》びると、深く体感することができます。

足先のほうまで波動が軽くなってきた感じがしたら、つまみを元に戻し、真ん中のボタンをもう一度押して超高波動を止め、一番上のボタンを押して天空の扉を閉じます。

以上です。朝起きたとき、夜寝るとき、家を出るとき、人に会う前後・最中、好きなときに、いつでもどこでも浴びまくってください。寝ている間ずっととかでもいいですよ！とくに、家に帰って玄関の扉を開ける前にやっておくと、外出中に拾ってきた余分なエネルギーをクリーンにできるのでオススメです。

また、オーラも綺麗になりますし、自然につながってしまったいろんな人や存在との回線もとり外すことができます。

裏技として、シャワーから金塊がこれでもかとばかりに降ってくるのをイメージし、豊かさに浸るワークをすると金運もアップします。余裕が出てきたらこちらもやってみましょう。

ワイパー！

ワイパーワークもご紹介しましょう。

これは、単純かつすごく効き目があります（笑）。心がモヤモヤしていたり、嫌なことがあったり、周りから何かを言われて一喜一憂しているときなど、すかさず、両手をあなたの目の前にワイパーのように立てて、左右に動かしてください。

そのとき、「キュッキュッキュッキュッ♬」と楽しい雰囲気で、ワイパーをしてください。


心の曇《くも》りが綺麗になってきた感じがしたところで終了。苦手な人がいるのなら、ワイパーをすることで、その人が綺麗に消えていくとイメージしてみましょう。

これは、楽しくやることがポイントです。たまに車のワイパーのように、シュ〜っと泡（洗浄液）を出すイメージをつくってみるのもいいですよ。

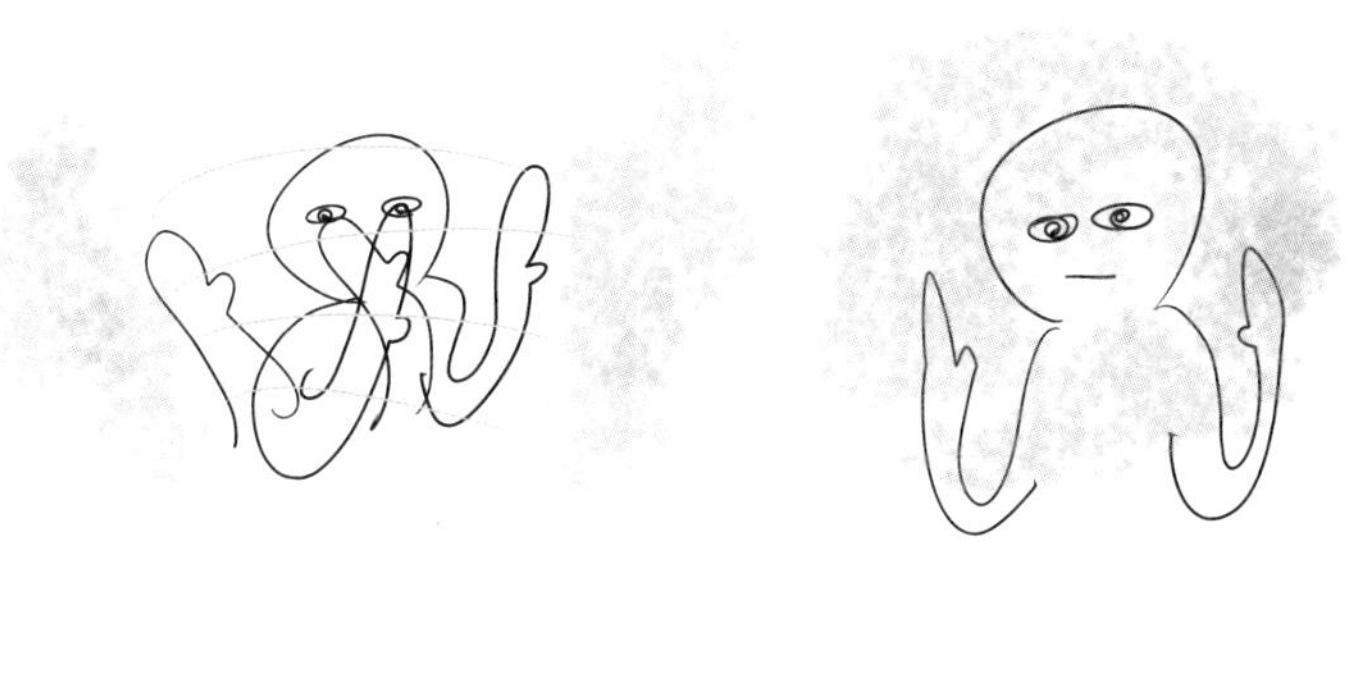

そして、ワイパーをします。楽しい気分で踊りながらやってもOK！　慣れてきたら、だんだん高速でワイパーを動かしてください。

外で恥ずかしい場合は、トイレやエレベーター内など、あまり人目につかない場所でやってみましょう。

リュックを降ろす！

暗い気持ちになっているとき、よ～く自分を観察してみると、必ず大きなリュックを背負っています。

リュックの中には、ボウリングの玉のような鉛《なまり》の塊《かたまり》が入っていて、ものすごく重いんです。もちろん、その中身はあなたの波動！　嫉妬《しっと》、執着《しゅうちゃく》、比較、不安、心配、依存、寂《さび》しさ、悪いことをしたという思い、自分やものを過小評価した否定的な状態など、自分を苦しめる波動です。
あなたは今、どんな波動で苦しんでいるのでしょうか？
あなたはいつまでその重い荷物を運び続けるのでしょうか？

持ち歩いていたら、重いですよね？ それを一生懸命運ぶ必要なんてないんです。苦しさが倍増するだけです。でも、そこに置いていけば軽くなりますよね！ ためらわずに置いていきましょう！

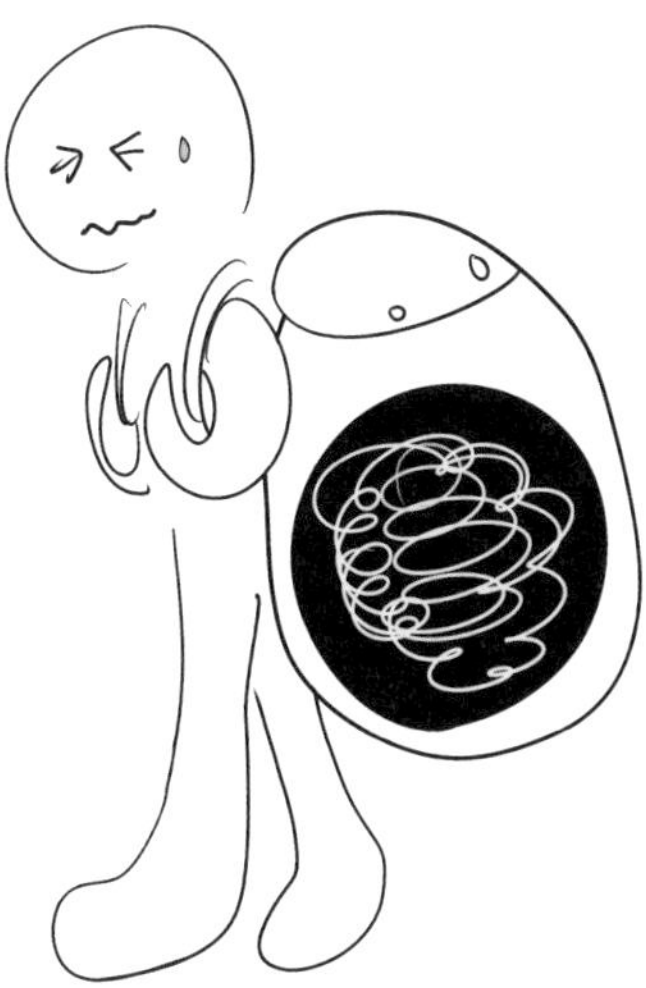

そこで、重～いリュックをその場に置く仕草をしてください。そして、そのリュックを振り返って、**「バイバイ！ ありがとう！」**と言いましょう。
リュックを手放すと、ものすごい勢いで光の風があなたの心臓のあたりを前から後ろに

通り過ぎます。その風をイメージして深呼吸をしてください。

「あ〜軽い！　爽《さわ》やか！　な〜んだ、しがみついていなくてもいいんだ！」

そんな気持ちになっていきます。

毎回、こうやって荷物をそこに置いていきましょう！

あなたの波動はどんどん軽くなっていきます。

フュージョン！

漫画「ドラゴンボール」では、悟空《ごくう》とベジータのフュージョンのシーンがありま

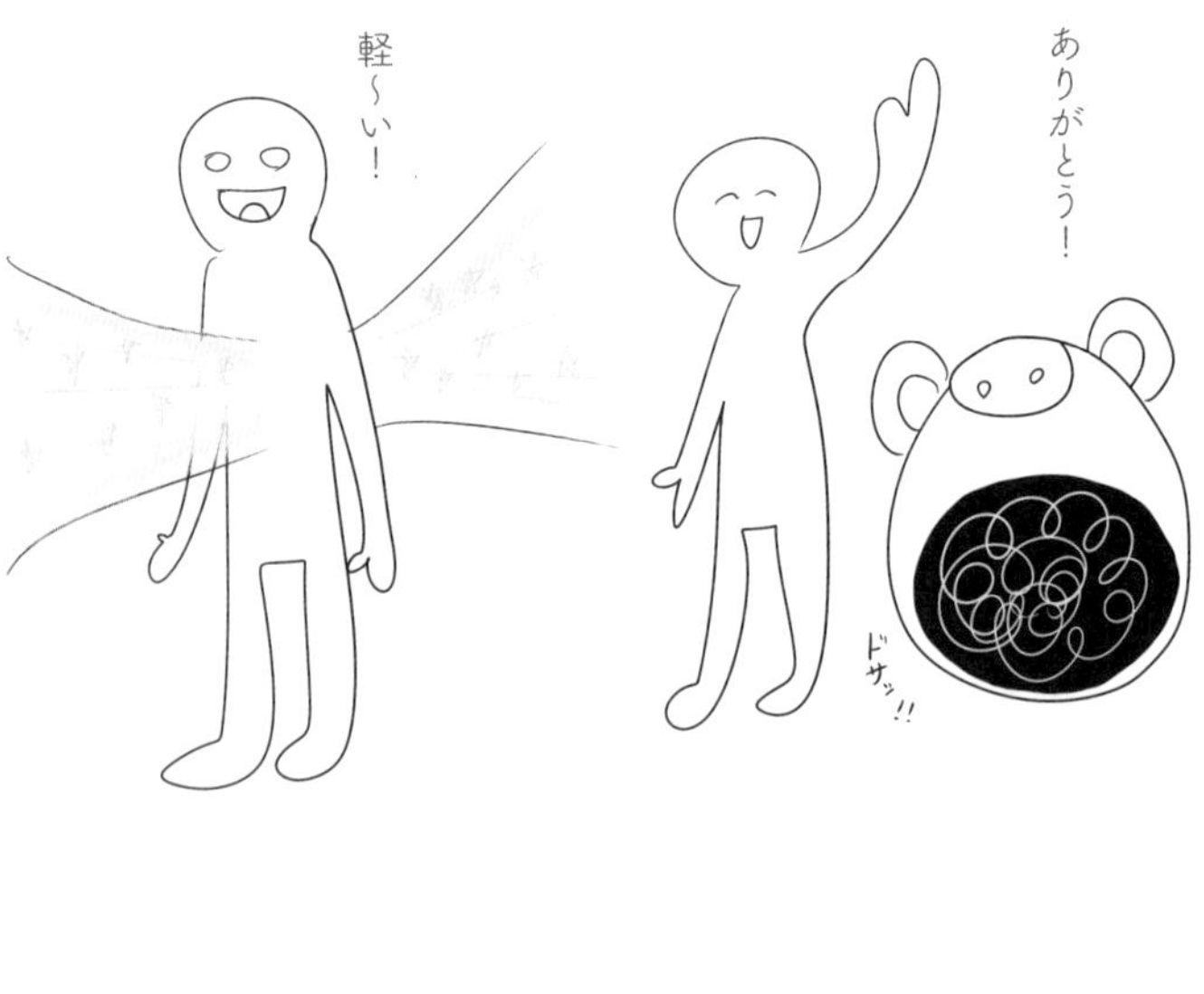

す。知っている方はイメージしてみてください。知らない人は、ネットで検索すれば出てきます。

やり方は、かんたんです。あなたを分身させて、人差し指をくっつけ合うだけです。あなたの中にマイナスな感情が出てきたら、マイナスの感情に浸っているあなたを一人、あなた自身から分身させます。分身させた自分は、すごく波動が重く、猫背で、暗い影がかかっています。

あなたの胸の真ん中、つまり、ハートチャクラ（71ページ参照）あたりから、分身が歩いて出てきます。チャクラから出た瞬間は小さく、あなたから離れると等身大になります。

また、すごく苦手な人、嫌な気持ちになった人を、自分のハートチャクラから分身させてもOKです。もちろん、家族でも大丈夫です！　この場合、自分のハートチャクラから出てきますが、顔かたちはその人をイメージしてください。

そして、過去を癒《いや》したい場合は、過去の自分を登場させてもOKです。

さあ、あなたから完全に出て分身させたら、あなたとその分身のあなたで、両手の人差し指を合わせて、イラストのような感じにフュージョンさせましょう。

そのとき、ぜひ声に出して、

「フュージョン!!!」

と言ってください。

分身は、そのフュージョンをサクッと元気よくやってくれます（笑）。

すると、双方から白に近い眩《まぶ》しすぎる光が放出し、キラキラ

になって波動がものすごく軽くなります。この恍惚感《こうこつかん》に浸ってください。

フュージョンした分身は、そのままキラキラと粒子の光となり、ス〜ッとあなたのハートチャクラに戻ります。戻ってくると、愛と感謝の波動に変わっています。

ハートチャクラで「**ありがとう**」と言い、やさしく抱きしめてください。これで完了です。波動が入れ替わるので、すごく癒されます。しばらく軽やかで幸せな感覚に浸ることをオススメします。

あっ、そうそう！　これにも裏ワザがあるんです！

あの人みたいになりたいなっていう人も、あなたのハートチャクラから登場させて、イメージでどんどんフュージョンしてみましょう。その人のいいイメージの波動や成功波動をそのまま取り込むことができますよ。

また、本来の自分であるハイヤーセルフとフュージョンすることもオススメします。悩んでいたことや迷っていたことの答えが見つかるかもしれません。

とってもパワーアップできます。

チャクラチューニング!

チャクラから泥を出して、チャクラの詰《つ》まりもスッキリさせてしまいましょう。

チャクラとは、あなたと宇宙の本体がつながるエネルギーが流れている部分で、体幹部に並んでいます。ここのエネルギーの流れがいい状態であると、とても楽しく、そして豊かに地球生活を送ることができます。

チャクラを知らない人のために、少し説明をさせていただきます。

第1チャクラは、尾《び》てい骨あたりにあります。イメージカラーは赤、生命力や現実を生きる力で、そして地球とつながるコンセントのような部分です。ここのエネルギーの流れがいいと、現実的な生活力、豊かさ、そして体力などが安定し、地に足がついた状態になります。滞《とどこお》っていると生きる上での不安が出てきます。

第2チャクラは、おへその少し下の仙骨《せんこつ》あたりにあります。イメージカラーはオレンジ。ここのエネルギーの流れがいいと、あらゆる創造力にパワーが生まれていきます。それは芸術的なもの、そして、クリエイティブなことから生殖活動なども。また、いろいろな変化を臨機応変に受け入れて成長していけます。滞っていると、創造意欲の低下、また変化も拒《こば》むので、うまくいかなくてもそのままにしてしまうなどの事態に陥《おちい》ります。

第3チャクラは、みぞおちや胃袋あたりにあります。イメージカラーはイエロー。ここのエネルギーの流れがいいと、自分自身を認めて尊敬し、子どものようにオリジナリティーを活かして、人生を謳歌《おうか》していくことができます。また、自分としっかりつながることができるので、周りに左右されにくくなります。滞っていると、自己重要感が低くなり、自分らしさを見失いがちになります。また、何かと責任転嫁《てんか》モードに。

第4チャクラ（**ハートチャクラ**）は、心臓付近にあります。イメージカラーはグリーンまたはピンク。ここのエネルギーの流れがいいと、人生にトキメキを感じながら生きることができます。人を愛したり、愛されることを素直に受け入れることができます。人とのふれあいも楽しむことができるので、いろんな人、いろんな神さまや存在たちとの交流も楽しめるようになっていきます。滞っていると、人に依存・執着をしたりして、自分の感情のコントロールがしにくくなります。

第5チャクラは、喉《のど》のあたりにあります。イメージカラーはブルー。このエネルギーの流れがいい状態だと、人とのコミュニケーションをスムーズにとっていくことができます。自分が感じていることや思っていることを、周りの人にさまざまな表現方法で伝えていくことができます。滞っていると、

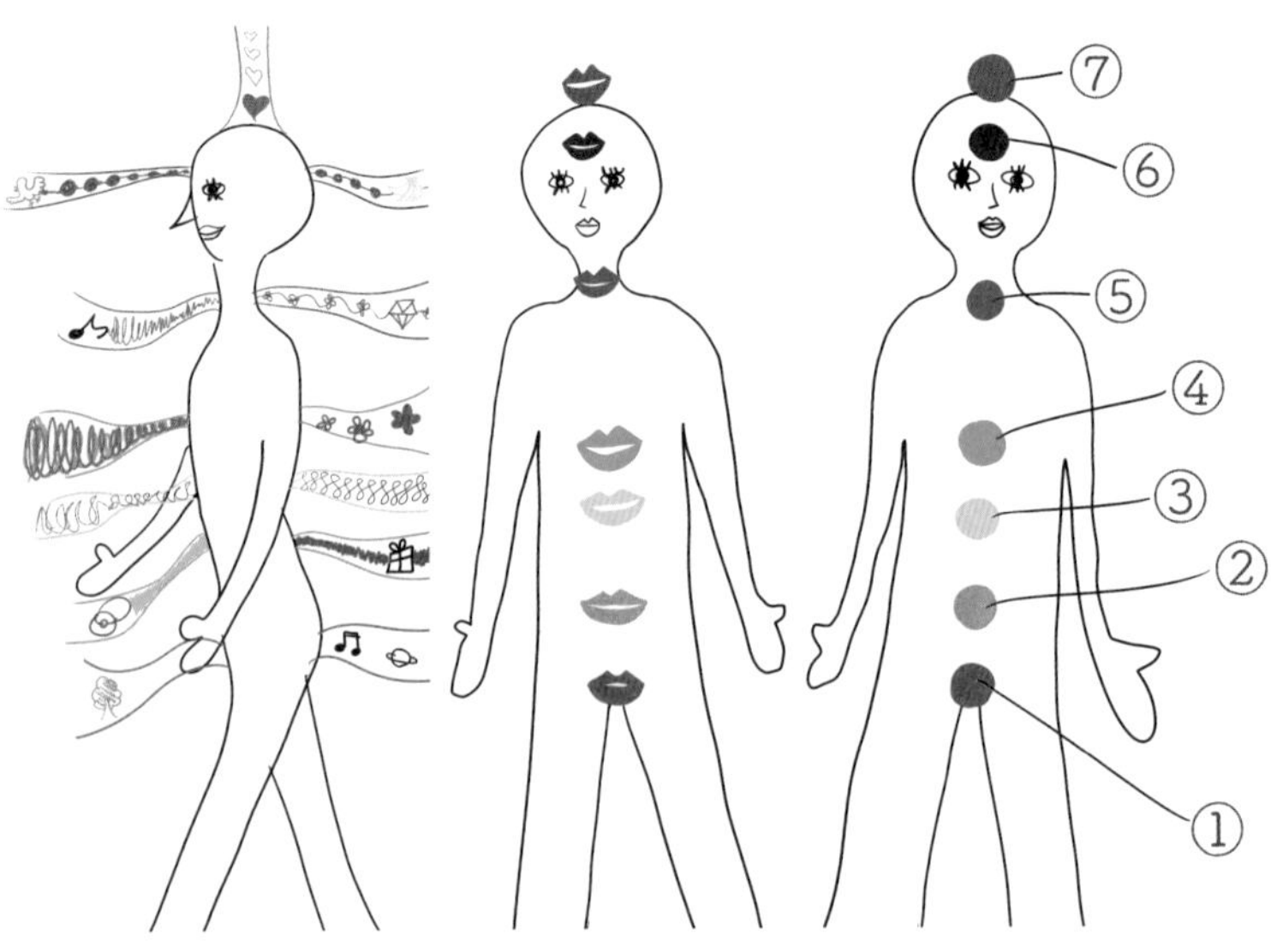

自分の中の創造性や、正直な気持ちなどをうまく表現できなくなります。

第6チャクラは、眉間《みけん》のあたりにあります。通称、第三の眼です。イメージカラーは濃いブルー。ここのエネルギーの流れがいい状態だと、直感力、透視力、予知力が優れていきます。滞っていると、考えすぎておかしな方向に自分を導《みちび》いていきやすくなります。

第7チャクラは、頭頂部にあります。イメージカラーはパープルまたは白。ここのエネルギーの流れがいい状態だと、高次元の存在や宇宙に導かれながら、さまざまなヒントを得ていくことができます。滞っていると、高次元とのつながりが弱まります。

さて、あなたの深呼吸に合わせて、チャクラを、大きく開閉しているイメージをしてみましょう。まるで、チャクラからも、息を吸ったり吐いたりできるようなイメージです。

どこかのチャクラだけ息をしにくい感じがするなら、エネルギーの通りが滞っているので、「虹色の蓮《はす》の花ベッド！」のワーク（80ページ参照）をして、そこから泥《どろ》を出して、大きな蓮に吸ってもらってください。

また、楽器のチューニングのように、毎朝、チャクラチューニングをすることで毎日の変化をチェックできます。どのチャクラから、どんな声やどんな色、あるいは映像が出てくるかを感じとってみましょう。大きく開くチャクラや、小さくしか開かないチャクラなども観察してみるといいですよ。

感じ方は、あなたの感覚、直感、イメージ、そしてクリエイティブでいいんです。それで調子がわかったりしていきますし、自分の中のエネルギーの調子を整えていくことができます。

チャクラ開閉を、あなたの意識の主導でできるようになることが理想です。行っていくうちに、徐々に感覚がつかめるようになりますよ。

天使にお願い！

天使は私たちを助けることをとても歓迎してくれます。しかしながら、こちらから依頼しないと手を差し伸べてはくれません。
天使はたくさんいますので、「**私を助けてくれる天使さん！**」「**〇〇をするのが得意な天使さん！**」などと呼んで、波動を整えてもらいましょう。

また、もし困っていることや応援してほしいことがあれば、それをお願いして助けてもらってもＯＫです！

寝ている間に、

「**余分な波動をすべて浄化しておいてください！**」など丸投げでも大丈夫。

天使は、頼られることが大好きなので、ちょっとした用事でも大歓迎してくれます。けれども、その後、ヒントやなんら

かの変化、助けの兆《きざ》しがあったときには、天使に感謝の気持ちを忘れずに伝えるようにしてください。

また、パワーアップしたいときなどに、天使にエネルギーをチャージしてもらう方法をご紹介しましょう。

天使に、「**エネルギーチャージをお願いします！**」と言います。すると、イメージでいいのですが、大きな宇宙タンクを背負った天使が降りてきます。天使は、あなたの胸の扉をパカッと開けて、タンクにつながる

ホースを〝ガチャンッ〟と差し込んでくれます。その間、エネルギーが無限にあなたの中に流れてくるので、深呼吸をしながらそれを全身で感じてください。エネルギーが満タンになったなと思ったら、天使にアイコンタクトをし、感謝を伝えましょう。そうして、天使は、あなたの胸の扉を閉めて、宇宙に帰っていきます。

それから、あなたが対象を意識すると、エネルギーコードはつながります。また、誰かがこちらを強く意識しても、エネルギーコードはつながります。余計な人や情報、存在とつながっていると、エネルギーを消耗《しょうもう》したり、神さまとコンタクトしにくくなってしまうんです。なんとなく、このような感じがある場合は、余分なエネルギーコードを切ってもらうように、天使にお願いしましょう。

天使に「**余分なエネルギーコードをすべて切ってください！**」とお願いしましょう。すると、大きなエネルギーコードを切ることができるハサミを持った天使があなたの目の前に降りてきます（イメージでOK）。

そして、あなたにとって、余計なエネルギーコードをすべてチョキチョキと切ってくれます。そのコードは、太いものや、固いもの、いろいろあります！

切った時点で、そのコードは消滅します。どんどん、あなたの体が軽くなってくるのを感じてください。あなたは、深呼吸をして待っていればＯＫ！

「終わったかな……？」という気がしたら、お礼を言って、バイバイしてください。

かんたんなので、どんどん天使にお願いしてみましょう。

自然の中で自然にクリアリング！

自然の中で、波動を整えることができます。

森林の中を散歩する、海や綺麗《きれい》な小川に足を入れる、たくさんのセミやカエル、鳥の鳴き声を聞く、大きな木やたくさんの花が咲いている木の下で深呼吸する、大きな木に抱きついてみる、裸足になって歩いてみるなど。

ぜひ、いろいろ試して、クリーンになった自分を体感してください。

虹色の蓮の花ベッド！

好きな精油（エッセンシャルオイル）がある人は、その香りを嗅《か》ぎながらやると、さらにGOOD！

それでは説明します。

大きな虹色の蓮の花をイメージしてください。そこがまるで蓮のベッドのように、花びらに包まれながら、あなたは横たわっています。座ったままや立ったままで行う場合は、背中にピタッと虹色のとても大きな蓮の花が包み込んでくれているとイメージをしてください。

蓮は、どろっどろした、泥の中をくぐり

ぬけ、美しい花を咲かせる植物です。

大きく深呼吸をしてみましょう。すると、あなたの吐く息とともに、背中側から、あなたの中にある嫌な感情が泥となって出てきます。身体の隅々《すみずみ》の細胞の中の感情まで泥となって、ごっそりと出てきます。ヘドロのように黒くて粘着力があり、どろどろ、どどど〜っと出てきます。こんなに出るの!?というくらい出てきます。それを、虹色の大きな蓮の花は、ゴクゴクと吸いとってくれます。

吸盤のようにあなたの背中にピタッと張り付いて、キレイ〜〜〜に吸いとってくれます。ものすごい吸引力です。業務用の掃除機なんて比じゃありません。

そして、あなたは、深呼吸をするたびに、波動が軽くなってくるのを感じます。泥を出し切ると、あなたの吐く息が蓮の虹色の中のひとつの色であったり、あるいは虹色であったり、そのときに応じて、いろんな色や形が出てくるようになります。それもメッセージのひとつとして捉《とら》えてみましょう。

それらを見ていると、とても癒されます。しばらく深呼吸をしながら、見ていましょう。

色や形が変わっていくこともあります。

そうしていると、蓮の茎《くき》の横から、もう一つの茎がスルッと伸び始め……、蓮の花が咲き始めます。その花は、あなたの頭の上にピタッとくっつきます。それはとても優しく、そしてしっくり感があります。いい香りもします。

その頭にくっついた蓮からは、あなたから出た泥が完全に浄化されて、美しいキラキラとした虹色のシャワーとなって出てきます。そして、あなたの吸う息とともに、そのままあなたの頭頂部からあなたの中にものすごい勢いで流れ込んでいきます。

とても高波動で心地よく、すべての細胞や臓器がつくり変えられていくのをイメージしてください。あなたの中のDNAの情報もアップロードされていきます。

その場で浮いてしまうほど気持ちよくなって、そのまま眠ってしまってもいいでしょう。

フィルム入れ替えワーク

目の前のことにハマりすぎて、一喜一憂しそうになったとき、それが〝映像〟というこ

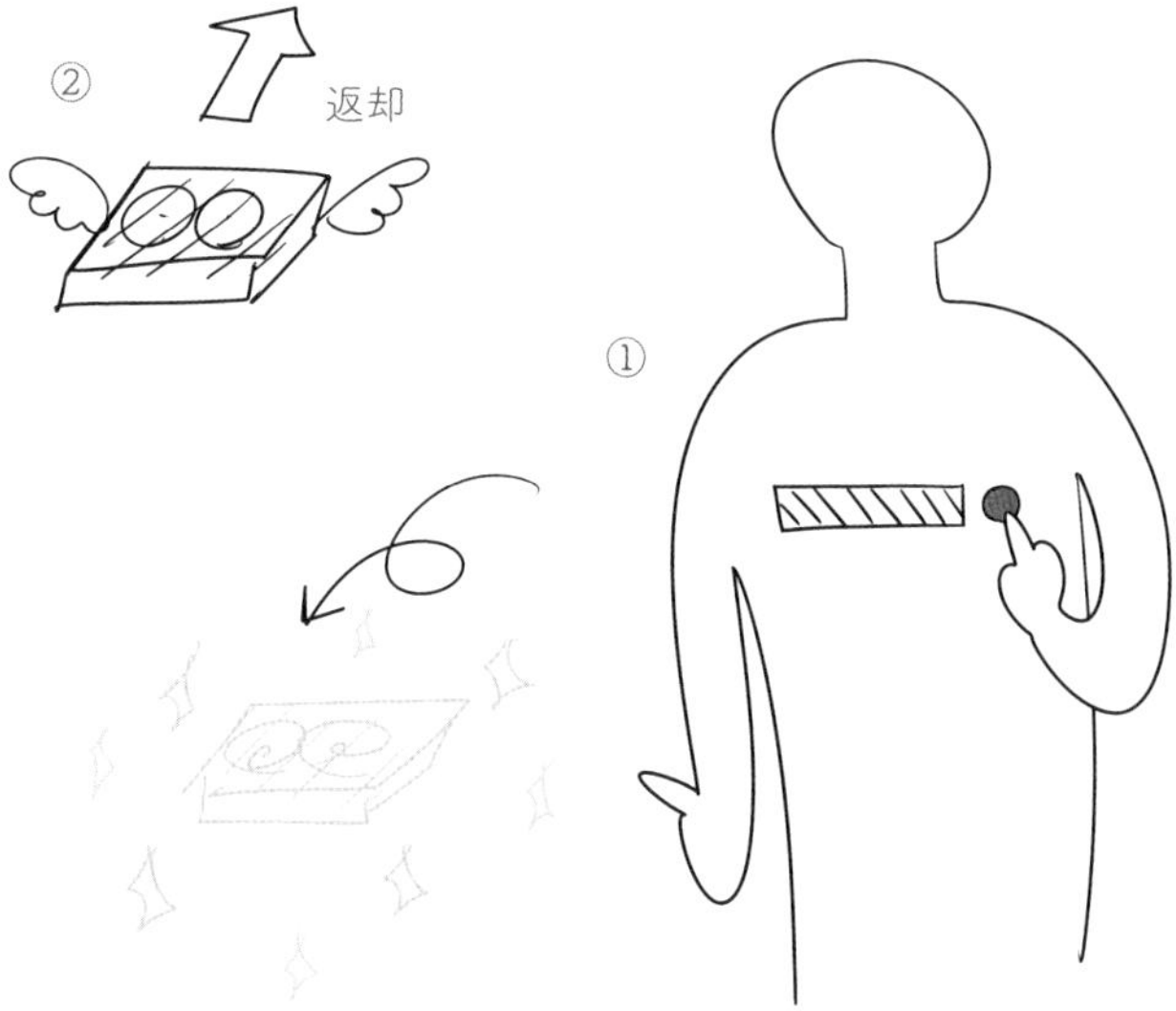

とを思い出すワークです。
この世界はあなたが創造主であり、すべてはあなたの波動が創り出している映像——つまり〝幻想〟です。そのように考えて、我に返りましょう。

まず、ツラい現状にとらわれていると、呼吸が浅くなりがちなので、深呼吸をします。そして、胸のところに、ビデオデッキのフィルムの入り口があるのをイメージしてみてください。ボタンをポチッと押すと、今観ていた映像のフィルムが出てきます。その映像のタイトルは何でしょうか？「ツラい現状」にタイトルをつけてみると面白くなりますよ。

そして、そのフィルムはもう堪能したので、「ありがとう！」と言って、宇宙に返却してしまいましょう。

すると、また新しいフィルムが宇宙から、あなたのもとに送られてきます。そのフィルムは、眩しいくらいに、黄金の光を放っています。きっとすごく楽しい映像なのでしょうね！

タイトルを確認したら、そのフィルムをあなたの胸の入り口に押し込んでみてください。

そして深呼吸!!　胸の奥から、ブワ～っと光が放出され、体全体はもちろん、オーラまで光り輝きます！

フィルムが差し代わり、すべてが光り輝いている自分を、全身で感じてみましょう。

これで、あなたの現状のフィルム交換は完了です。

きっと、自然に展開が変わっていくでしょう。

レッツエンジョイ！

メガネ交換ワーク

要領はフィルム入れ替えワークと同じです。

まず、メガネを交換します。「〜できない」とか「難しい」「ツライ」というあなたの中にある余計な思い込みや設定を映し出しているメガネを外してください。

次に、足でガシッと踏んで壊《こわ》します。足でその感覚をイメージしてくださいね。グシャッとなります！

その後、新しい設定「〜できる！」「〜は余裕」「かんたん！」などと映し出すメガネが宇宙からプレゼントされるので、そのメガネをかけましょう。

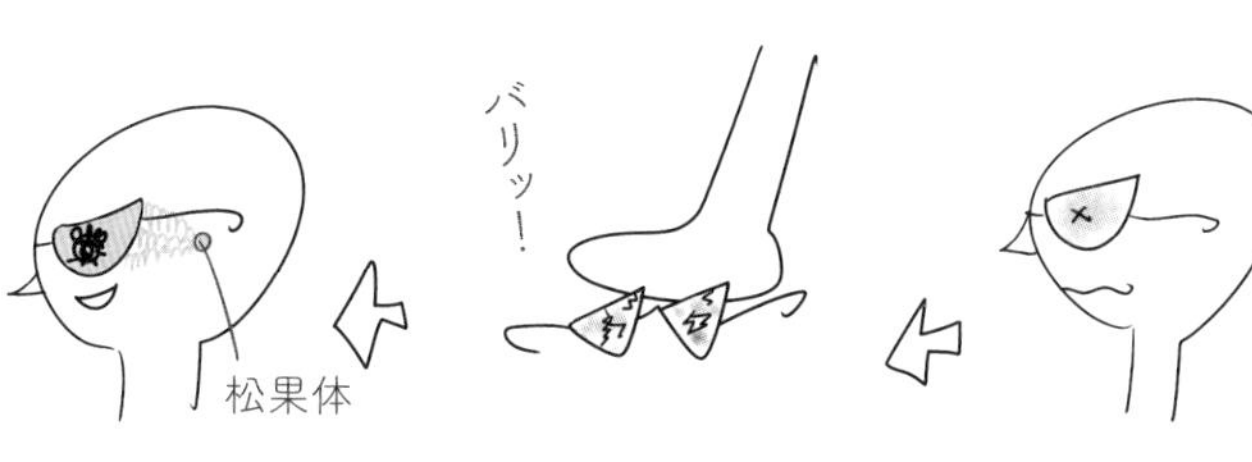

すると…なんということでしょう！

高波動の眩しいエネルギーが、あなたの目を通り超して脳の奥の松果体《しょうかたい》まで到達し、設定が「カチャッ」と切り替わります。

ぜひ、「カチャッ」という音も感じてみてください。

目を開けながらでも、つぶりながらでもいいのですが、強烈に眩しい光が目から入ってくるイメージを感じながらするとGOOD！

一瞬で波動の切り替えができます。

第3章

神さまからのメッセージ
～キャメコンタクト～

CHAME CONTACT

私がこの本をつくるにあたり、いろんな神さまや〝目に見えない存在〟たちから、具体的なメッセージをいただきましたので、この第3章ではそれらをすべてご紹介いたします。

本に書くことを伝えて助言をもらっているので、今この本を読んでくださっているみなさまへの「お手紙」だと思って読んでくださいね。

また、各神さまの絵には、神さまパワーを完全に注入し、国内外150カ所以上のご神水・聖水を混ぜ合わせた水を使って描いています。絵を見て、神さまとトークをしたり、質問したりして、あなたなりに「答え」をもらってください。

それぞれの神さまや〝目に見えない存在〟たちからのメッセージを読み、絵を眺めているだけで、とっても不思議でミラクルなパワーが炸裂《さくれつ》します。

もちろん持っているだけでも、とてもいいことがあるはずです。

そして、同じ神さまでも、その時々で違う「答え」をくださるので、定期的に読んでコンタクトを行っていただくことをオススメします。

また、これは私が翻訳して書いているので、話口調にはしていません。あらかじめご了承ください。

それでは神（キャメ）コンタクト、スタート！

chame

chame

アメノミナカヌシ（宇宙の根源の神）

すべては好きに選んでいいのです。あなたが決めていいのです。

会う人・会わない人、行く場所・行かない場所、やること・やらないこと、続けること・辞《や》（止）めること、受け入れること・受け入れないこと……。

あなたの心はあなたにとっての真実の目を持っています。あなたが天命に沿って生きる道は、あなたの心に、好きという気持ちや、晴れやかでスッキリとした感覚として知らせてくれます。その心の感覚に自信を持ってください。

天命は、あなたが生まれる前に書いてきたストーリーであり、生きていく間に堪能するために決めてきたメニューです。

あなたの魂《たましい》は、それをすることが楽しみで、この世界にやってきています。

思い出せないことが普通ですが、心の感覚だけはそれを覚えています。

だから、あなたの心の感覚は、間違いないのです。

chame

ククリヒメ（イザナギとイザナミを仲直りさせた神）

人、動物、物、状況、場所……さまざまなご縁《えん》をはじめたいとき、終わりにしたいとき、あるいは再びつなげたいとき、私を呼び、そして話しかけてください。

あなたにとって必要なことは、しっかり結んで、あなたにとってもう不要なことは切り離して、さまざまなご縁の調整をお手伝いしましょう。

だけどね、あなたがそのご縁をどうにかしたくても、もうちょっとつながっていたほうがいい場合やすぐに終了したほうがいい場合もあります。

絡《から》まっているものは解《と》いてみないとわからなかったりします。解いてみたらしっかりつながっていたり、解いてみたら実は切れていたりすることも。

そのあたりは、私に任《まか》せておいてください。

あなたの人生が潤《うるお》うようにデザインしていきますからね。

chame

イザナギ（イザナミの兄妹神であり、夫）

あなたにとって、いいことも、そうでないことも、すべての経験は、素敵な人生をクリエイトするキッカケに過ぎません。

それから何が生み出せるのか、あれから何が生み出せるのか、それを少しでも見出すことができれば、人生の達人になっていきます。

そして、あなたがするさまざまな経験には、必ず答えが用意されているのです。

数学と違って、正解はひとつじゃないところが、また人生の面白いところ。

答えが見つかれば、その問題は感謝でしかなくなります。

chame

イザナミ（イザナギの兄妹神であり、妻）

あなたは光の存在です。
だから明るくしていることって大事です。

明るくしていると、周りのみんなの道しるべになっていきます。

そして、
みんな、あなたに会いたくなり、
みんな、あなたを見て元気になり、
みんな、あなたをより光らせてくれるようになります。

あなたが光であることを、いつも、忘れないように。

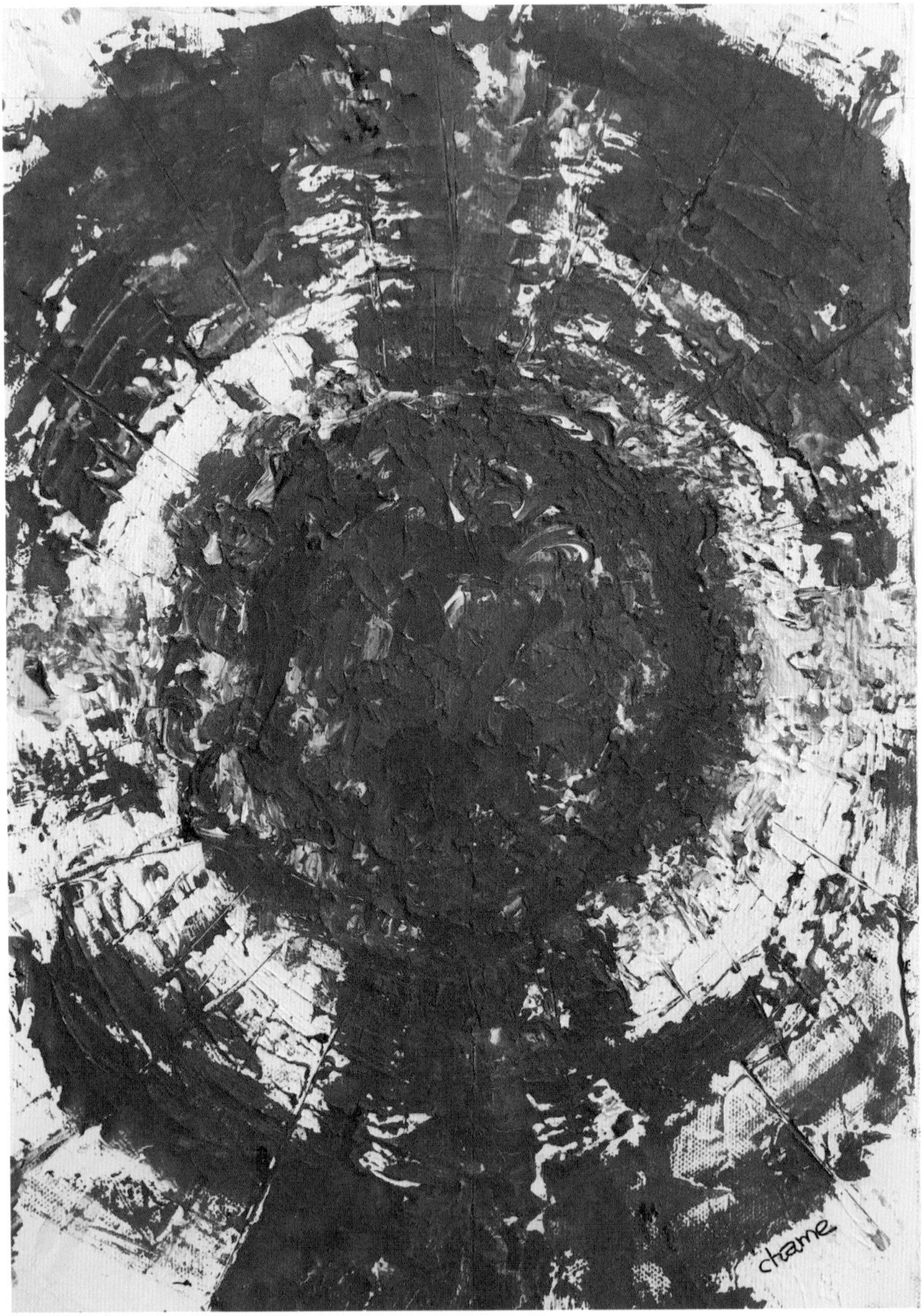
chame

アマテラス（イザナギの左目から生まれた太陽神）

パワーチャージの方法を教えます。とてもかんたんです。

「アマテラスパワーチャージ！」と、言葉に出して言ってください。

そうしたら、私はあなたをすっぽりと囲みます。あなたも私にすっぽり包まれるようにイメージをしてください。

深呼吸をしながら、メラメラと太陽のエネルギーを全身で感じとってください。吸う息、吐く息、そして顔や手足、体全体が熱くて仕方がなくなることがあるかもしれません。あなたの中で、チャージが完了したと思うまでやってくださいね。完了するときは、イメージを終わりにすればそれで大丈夫です。

ガソリンスタンドのように、私を呼んでエネルギーチャージをしていいですからね。チャージ中に眠くなったら、そのまま寝てしまってもいいでしょう。

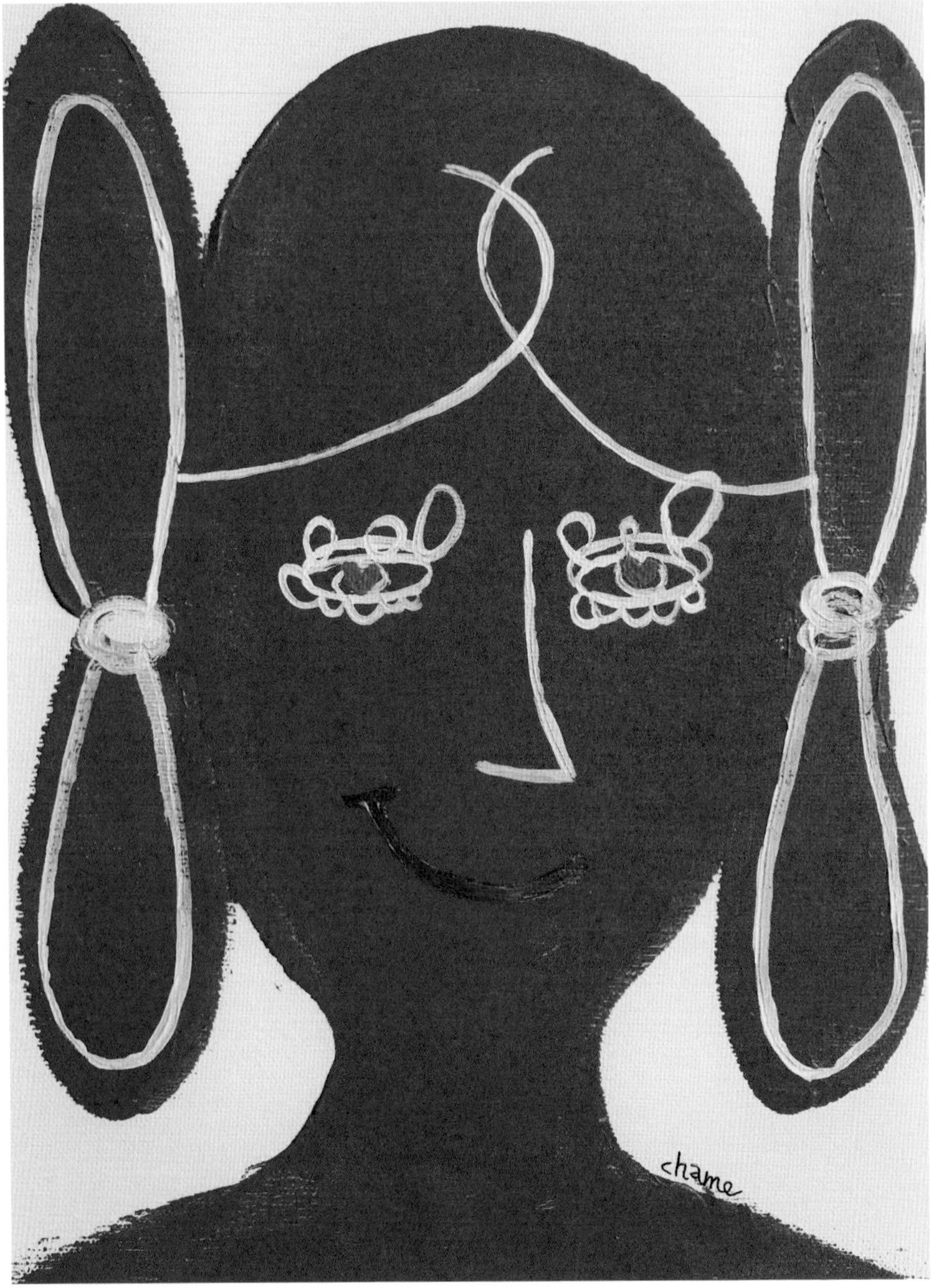
chame

スサノオ（イザナギの鼻から生まれた神）

自分のことは自分でしっかり守りましょう。
人との距離のとり方、意思の伝え方、かわし方など。

そのためにも、足の筋肉は鍛《きた》えておくことが大事。

心を守る姿勢は、体にも反映されます。
足腰がグラグラだと、ふとしたところで、相手に入り込まれやすくなりますし、周りの状況に、ふらふらと流されてしまうのです。

しかし、足腰を鍛えておけば、ちょっとやそっとのことではブレない心を手に入れることができます。

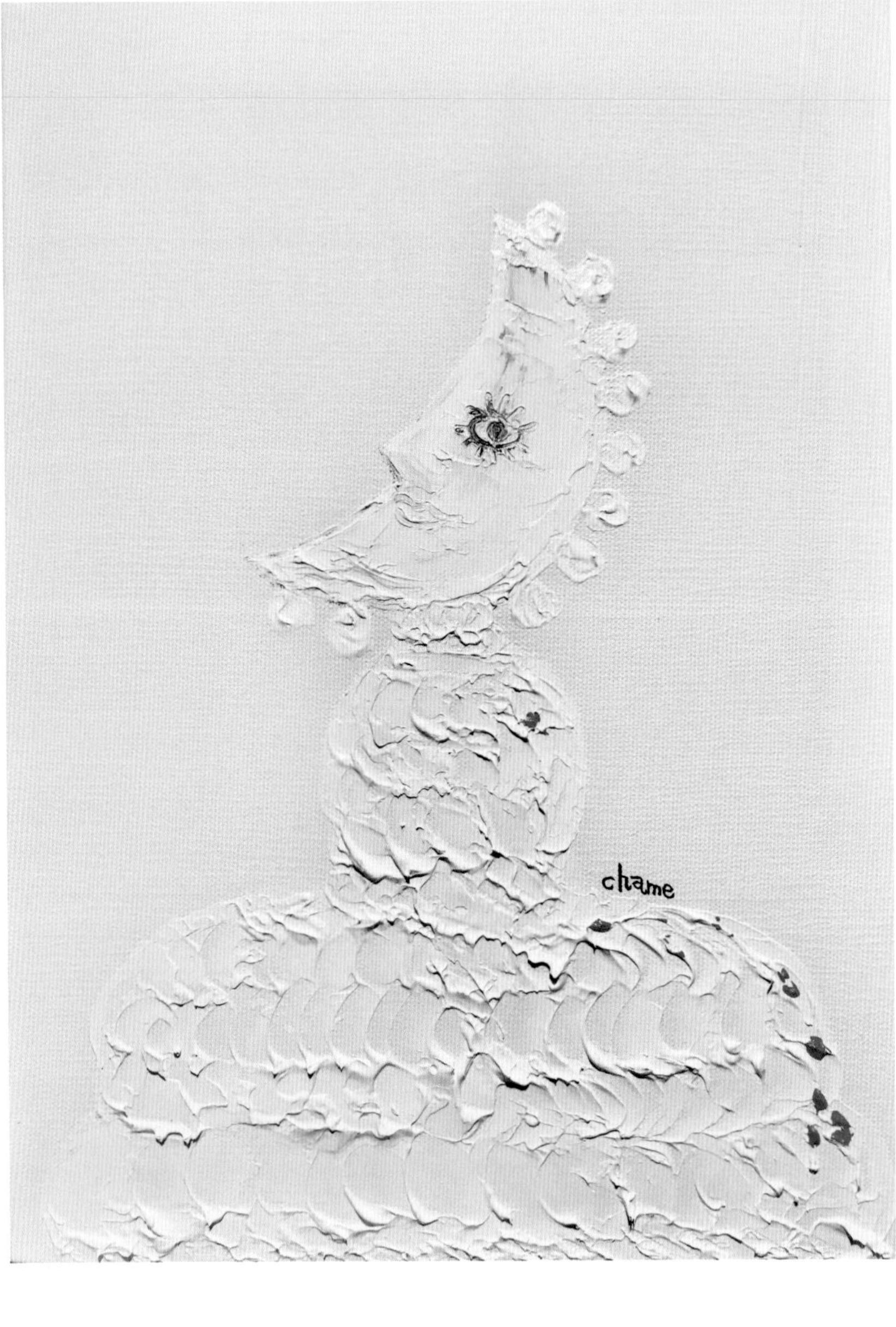
chame

ツクヨミ（イザナギの右目から生まれた神）

この世は、全部あなたの心の映《うつ》し鏡です。
鏡の中をどうにかしようとしても、何も変わりません。
険《けわ》しい顔をしても、鏡に険しい顔が見えるだけ。
なんとかしようとしても、元を変えないと何も変わりません。
元を変えれば、見える景色が変わります。
幸せを映せば、幸せが見えます。
ただ、そこに……あなたの心の波紋が見えるだけなのです。
全部、あなたが創《つく》っているんです。

chame

トヨウケビメ（アマテラスのお食事係であり、食物の神）

あなたの魂の入れ物である体は、あなたが生まれる前に選びました。
そして、あなたと契約を交わした体は、本当に、本当に、愛をもってあなたのために動いてくれています。そして、いろいろなことを知らせてくれます。

違うときは、「違うよ！」というお知らせを、そのままでOKのときは、「そうだよ！」というお知らせを、そして、あなたに気づきを与えるためにいろいろ作戦を立てて、表現してくれるのです。

そんな体の声を、全身で感じとってみてください。あなたのために、いつも全力でメッセージを発信しているのです。

体には、あなたよりも先に知っていることや、察知していることが多くあります。あなたの体こそ、いちばんスピリチュアルな存在であることを忘れないように。

chame

オオクニヌシ（国津神《くにつかみ》の代表で出雲大社の主祭神）

いろいろな人に自ら声をかけてみることや、会うことはとても大事です。チャンスは、人がもたらすものだから。

人生は時間が限られているから、気になる人にはこちらから連絡をしてみましょう。いろいろな人に会わないともったいないです。

それでも、人生で出会える人の数は、海の水を、ひとつのコップに入れた程度。相性もあるから、出会ったあとに取捨選択をしていけばいいでしょう。

マスを広くしておくことでチャンスも広がります。どうしても人付き合いが苦手な場合は、人付き合いが得意な友人がいれば大丈夫。

その人はあなたのチャンスの窓口になり、あなたの人のつながりを広げてくれる役割をしてくれます。

何よりも、人との関係が楽しいと、人生は最高に楽しくなっていくのです。

chame

ワタツミ（海の神）

あなたの中にも海があります。波があまりないときもあれば、大荒れのときもあります。自分でもわからない部分もあれば、みんなが知っている部分もあります。明るい場所もあれば、暗い場所もあります。

たくさんのサンゴやお魚、貝たちが歌い踊っているところ、シーンとしていて、まるで宇宙のような誰も知らないところ……誰の中にも海があります。一部分だけを切りとって見ただけでは、すべてを知ることはできません。ときには荒れ狂う場面、ときには逆流の場面に立ち会うこともあるかもしれません。

しかし、光り輝き、キラキラと平和なときもあります。ずっと同じってことはなく、流れのままに表情は変わっていくのです。

みんなそんなもの。それが自然だし、それこそが生きている証《あかし》。

chame

コノハナサクヤヒメ（山の神の娘であり、イワナガヒメの妹。絶世の美女）

あなたは、美しいお花です。美しく魅《み》せることを楽しみましょう。

好きな色を身につけ、好きなメイクをし、好きな服を着て、好きな靴を履《は》き、好きなバッグを持って、好きなアクセサリーで飾り、好きな香りを身にまとい、素敵なあなたのお花を咲かせましょう。

桜は一瞬で散ってしまうけれど、あなたは、いつでも好きなときに花を咲かせることができます。年齢は関係ありません。

キレイにすることは神事です。もちろん、あなたの好みで大丈夫。あなたは、あなたの魂が入ったお社《やしろ》ですから。お社をキレイにしておくのは、中に入っているあなたの仕事です。あなたの創造力を生かせるいちばんの作品が、あなたなのです。

素敵な花を咲かせてください。

chame

アメノウズメ（芸能の神）

あなたをどんどんさらけ出しましょう。さらけ出すほど、あなたのドラマを見たい人が集まってきます。だって、みんな自分のドラマを体験しにこの世にやってきたのですから。

よりドラマチックに生きている人からは目が離せなくなり、応援したくなるんです。そして、それを見て、自分のことも開示したくなります。みんな、本当はもっと自分をさらけ出して、自由に生きたいのです。

あなたが、あなたを謳歌《おうか》し始めれば、周りも自分を謳歌する勇気が湧いてくるでしょう。そんな自分をみんな見たいのです。ですから、先に見せてあげましょう。

あなたが、みんなの心の扉を開く鍵となるのです。
方法はただひとつです。
あなたは、あなたを最高に楽しんでいればいいだけ。かんたんですね。

chame

ヤタガラス（神武天皇を道案内した神）

あなたの魂は、あなたの中に入っています。なので、あなたの体を置いて、なかなか移動することができません。

あなたが本当に、気になるなら、行きたいのなら、見たいのなら、経験したいのなら、会いたいのなら、あちこち動き回りましょう。

それは、本当のあなた、つまりハイヤーセルフからのメッセージなのです。

そこに呼ばれているのです。そこからの広がり、チャンス、出会い、いろんなギフトが用意されているのです。

私は、それらのギフトに辿《たど》り着けるように、あなたの後押しを手伝っているのです。展開が目まぐるしくなったときは、私があなたと共にいる印《しるし》です。

心の底からの衝動《しょうどう》にはフタをしないように。

chame

狐（ウカノミタマの使い）

あなたには、すごい再現力があります。

あなたが、何かの分野で尊敬したり、理想とする人生を歩んでいる人がいるならば、すぐさま参考にしましょう。

そして、その人が情報を発信していたら、何度も何度も、記憶するくらい、見たり、聞いたり、読んだりするのです。

あなたは、しばらくすると、その人と同じような状況を体験することになるでしょう。

あなたが潜在的に持っている再現力は、想像以上のものなのです。

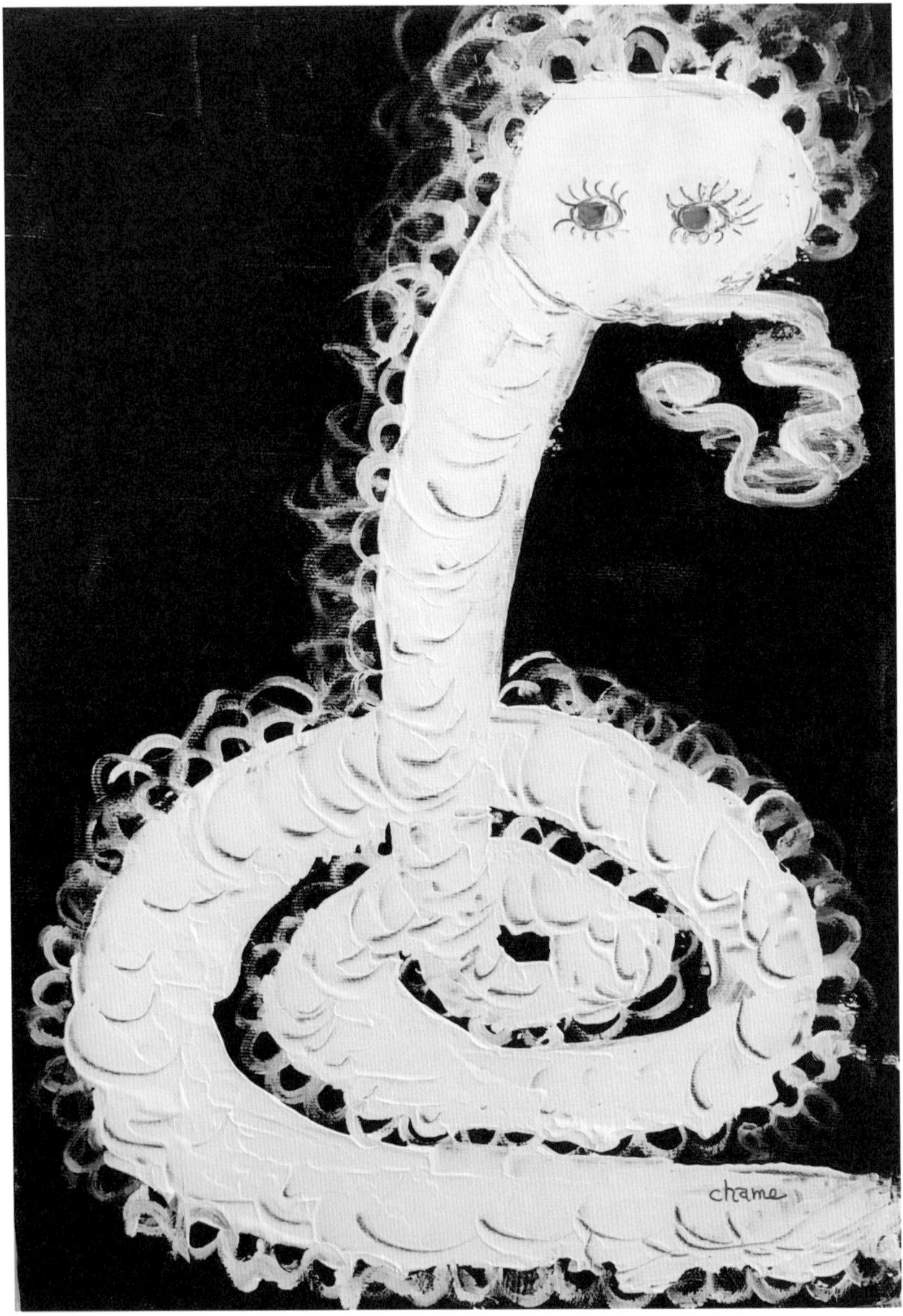
chame

白蛇（弁財天の使い）

自分を満足させること。
これが豊かさの土台。

自分を大切にすること。
これがすべての人間関係の土台。

土台を見て見ぬふりをすると、枯渇《こかつ》という罠《わな》にハマります。

家を建てるときに、土台がちゃんとしていないと、グラグラしてしまいますよね。それと同じ。

あなたは、いつも自分をちゃんと見てあげてください。
これができていれば、あなたの人生は大丈夫なんです。

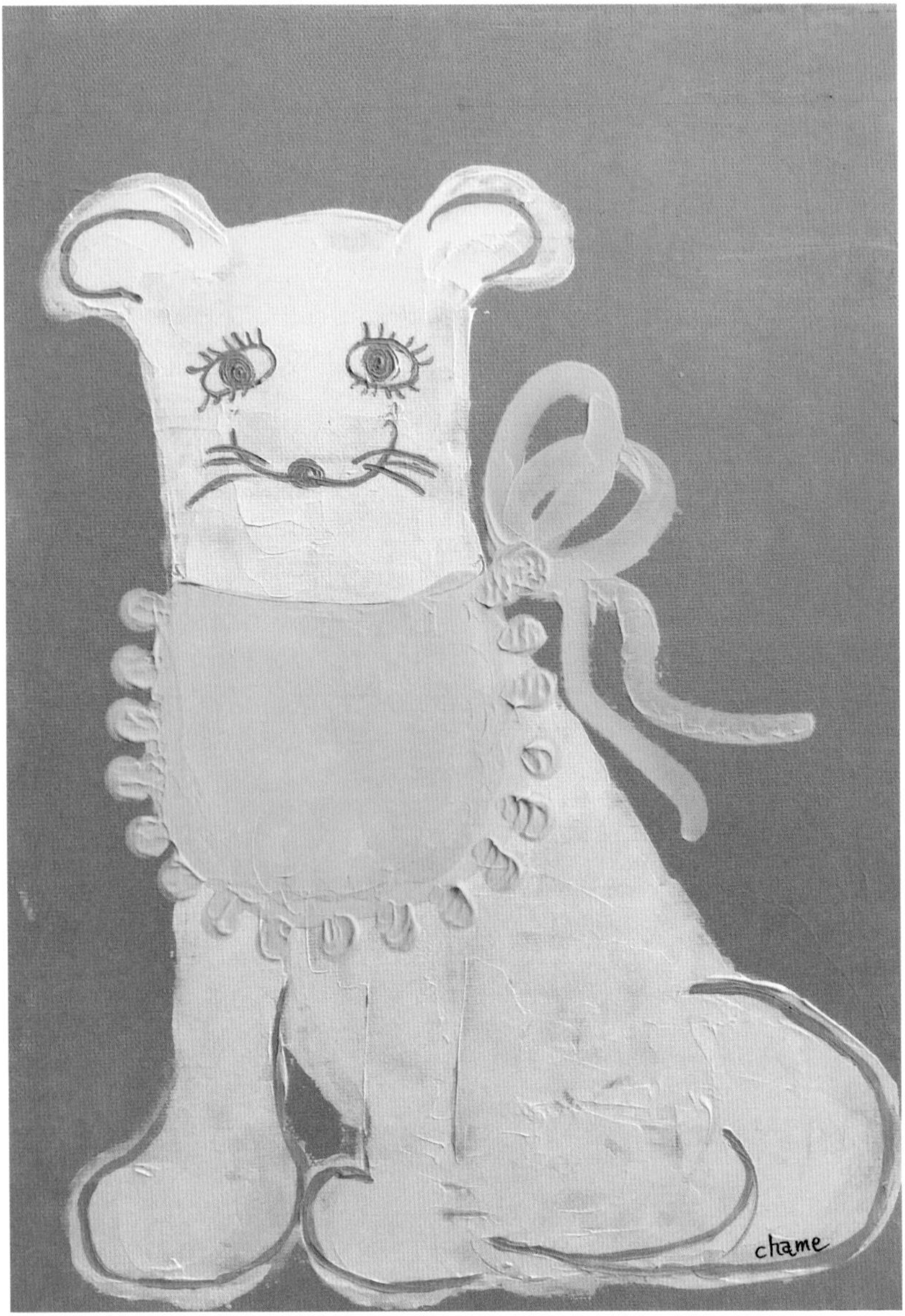
chame

お犬さま（ヤマトタケルを道案内した魔除けの神）

居心地が悪いなら、変えればよいのです。

周りに合わせて我慢《がまん》することで、あなたの本当の道からどんどんずれた方向に進んでしまいます。

あなたの環境は、あなたが自由に選んでいいのです。


苦しいのに我慢していませんか？

我慢は美徳ではありません。今一度、自分の環境を見つめ直してください。あなたを守れるのは、あなたしかいません。

やめたり、離れたり、逃げたりすることに罪悪感は必要ありません。

ただ単に、人生の選択や知恵、手段・方法のひとつなのです。

chame

風神（風を司る神）

不安、心配、イライラ、嫌な気持ち、またはニュートラルな自分に戻りたいとき、テンションを落ち着かせたいときなどに、私を呼んでください。

「風神！」

と言ってくれれば、私は、あなたの周りを竜巻のようにぐるぐるにとり囲み、あなたの余分な波動を、ひとつ残らず吹き飛ばし、天まで持っていきます。

そして、あなたは、竜巻の中心にいることをイメージしてください。遠心力で体がぐるぐると持っていかれそうになるかもしれませんが、深呼吸をしながら、強烈な風を感じてみてください。

いつでも、どこでも、吹き飛ばしに来ます。

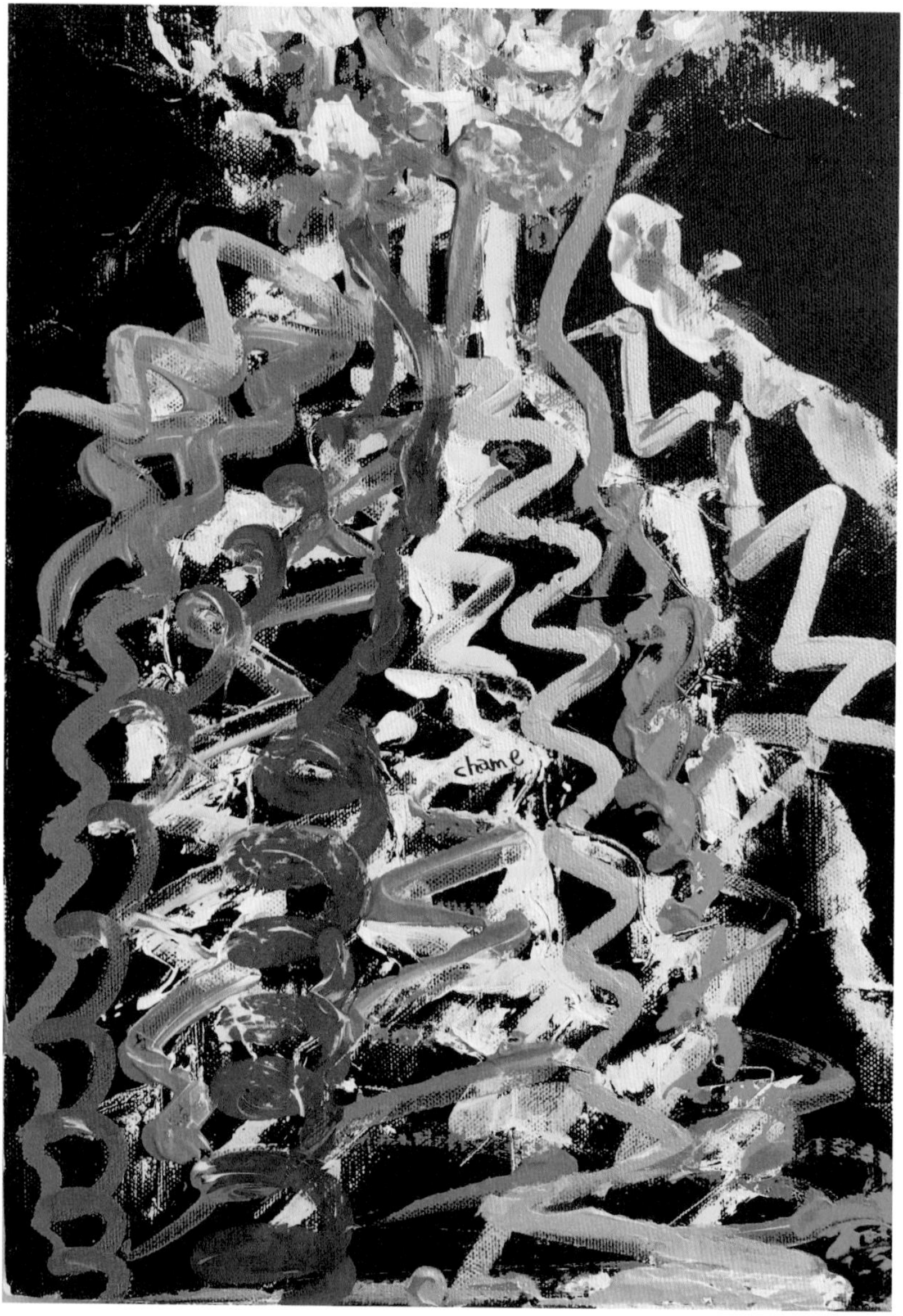
chame

雷神（雷を司る神）

もしも、あなたが、人間関係で困っていたら、私を呼んでください。雷《かみなり》を落とします。大丈夫。実際に雷を落とすわけではありません。あなたが困っている相手をイメージで、私の目の前に登場させてください。複数人でも家族でも子どもでも、動物でも問題ありません。そして、私を呼んでください。

「雷神！」

と言ってくれれば、一撃で8000億万ボルトの雷を落とします。その人たちは、一瞬で眩《まぶ》しすぎる光に変わり、あなたの胸にシュッと吸収されます。あなたは深呼吸をして、光を受け入れながら心地よさに浸ってください。きっと、その人、またはその人との関係性が、良好な方向に変わっていくでしょう。

いつでも、何度でも、呼んでください。

chame

龍神（願いを叶える伝説の神）

自分に遠慮をしないことです。
だって、あなたはできるんですから。

その凄まじい願望成就力を忘れているだけ。
あなたが本気で決めたことは、絶対にできるんです。
できるか、すごくできるかの、二択しかありません。

あなたが本気で何かを決めたとき、

「龍神！」

と大きな声で呼んでください。私はあなたと一体化し、現実化をお手伝いします。

chame

大日如来《だいにちにょらい》（真言密教の教主）

すべては大丈夫です。

あなたが苦しいときは、〝絶賛成長中〟ということなのです。

だから、苦しいときに、「苦しい！」とか「辛《つら》い！」と言うのではなく、「成長がものすごい！」と言うようにしてごらん。

だって、本当にそうなんです。

そして、なんだかんだ言っても、すべては大丈夫なんです。

だから、楽しんで成長すればいいのです。

chame

お釈迦《しゃか》さま（仏教の開祖）

すべては空《くう》であり幻想です。あなたの見える世界は、あなたが創った映像です。

現実が幻想というのを忘れずに生きれば、現実に一喜一憂することなく、さまざまなチャレンジをしていくことができるのです。

現実が幻想というのを忘れずに生きれば、誰かに言われた失礼なひと言に意識を囚《とら》われることもなくなります。

現実が幻想というのを忘れずに生きれば、誰かと比較して嫉妬《しっと》したり落ち込んだりということもなくなります。

現実が幻想というのを忘れずに生きれば、とことん人生を堪能《たんのう》することができます。

つまり、外にいちいち反応してしまう生き方を、終わりにすることができるのです。これが真実なのです。

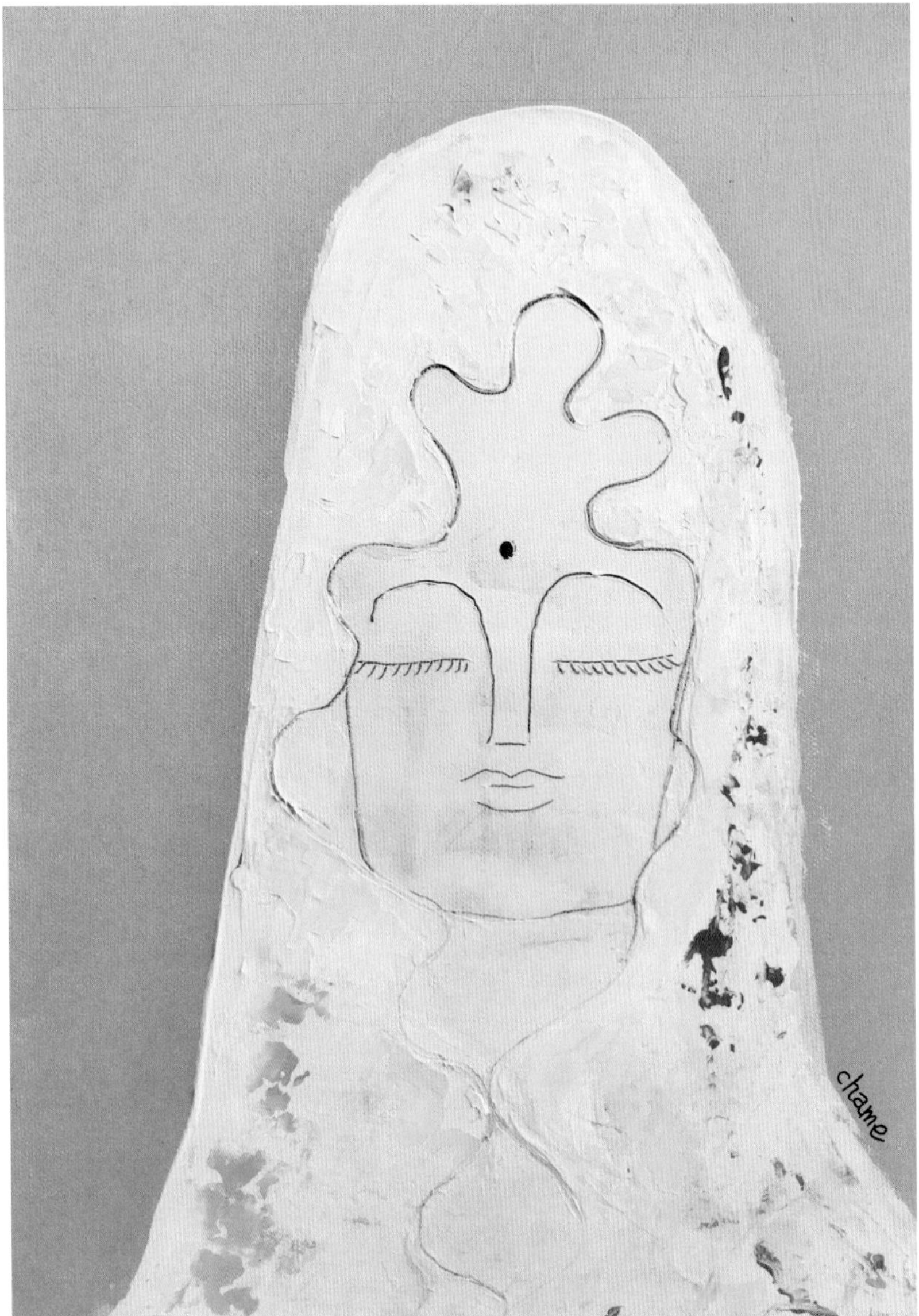
chame

観音菩薩《かんのんぼさつ》（どんなことも受け入れてくれる、救世主のような神）

周りに評価されるために動くのをやめましょう。周りの評価を自分の生きる価値や基準にすることをやめましょう。それでは、あなたという人間の主導権が周りにシフトしてしまいます。

自分が嬉しいこと、面白いこと、楽しいことを夢中でしていると、自然と周りに人が集まってくるだけです。

うまくいかないのは、周りの評価を軸にしたり、気にしたりしているからです。

周りの反応を目的にしないこと。

あなたが、いちばん心が踊ることをするのが大事なのです。

つまり、あなたが、あなたを、ちゃんと自分らしく生きていると、すべてがうまくいくようになっているのです。

charne

荼《だ》枳《き》尼《に》天《てん》（仏教の神）

あなたが出したものを、あなたが与えたものを、あなたは受け取ることができます。そういう仕組みになっているのです。

それは、良きも悪きもすべてです。受け取りたいことがあれば、どんどん与えていきましょう。

人を愛し、人の幸せを願い、人に知っていることを教えましょう。
出し惜《お》しみしないで、出すのです。
先出しが勝つのです。

だって、「人」はあなたですからね。

ウフッ♥

天狗

ほとんどの人は、変化を嫌います。
だから、みんなが変化にビビって、何もしていない間に動いてしまえば、
すごく進めることができるのです。
つまり、それをした人だけが、
成功の切符を手にすることができるのです。

もちろん、失敗することもあるでしょう。
しかし、それは失敗のようで、
次の扉へのヒントでしかありません。

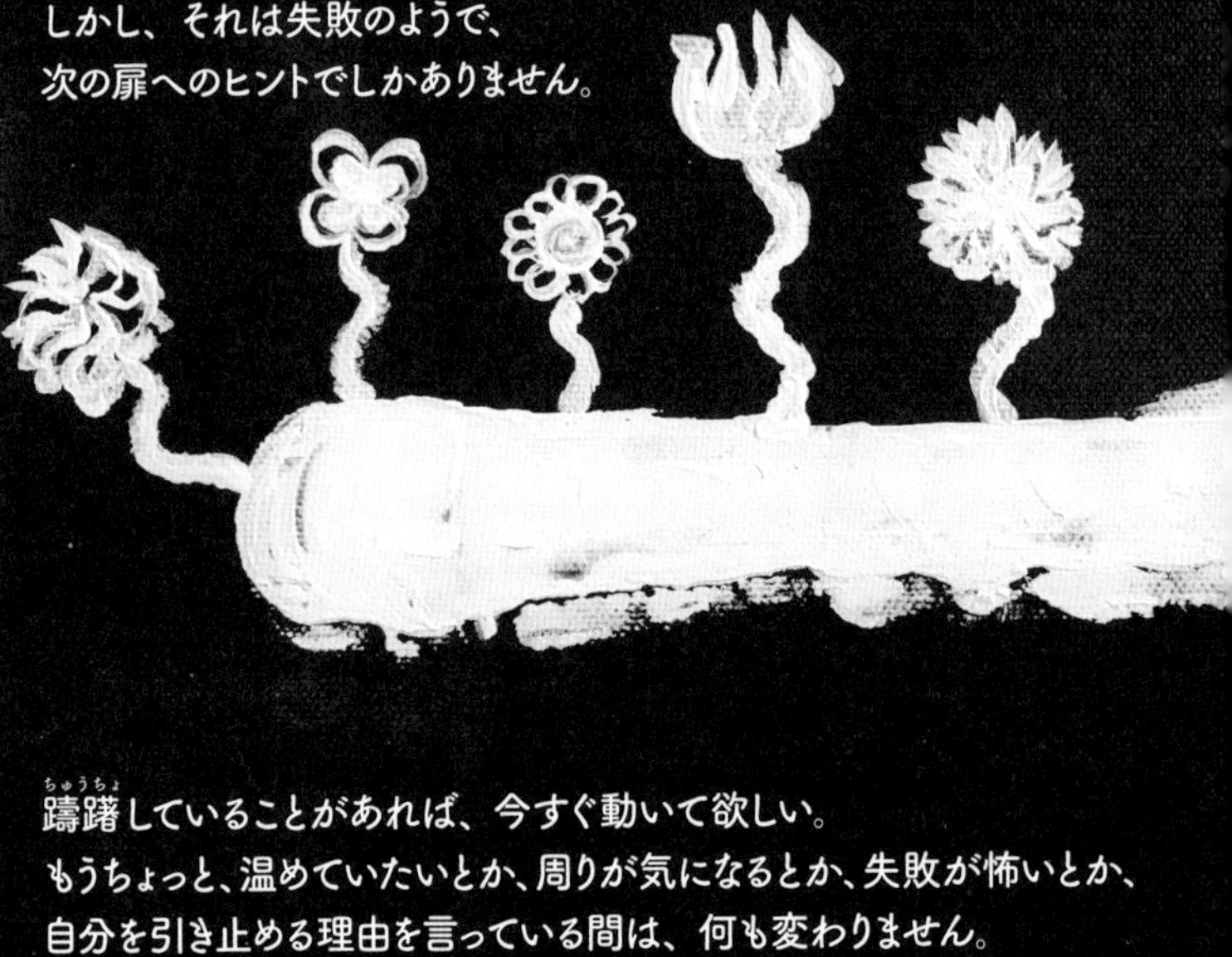

躊躇《ちゅうちょ》していることがあれば、今すぐ動いて欲しい。
もうちょっと、温めていたいとか、周りが気になるとか、失敗が怖いとか、
自分を引き止める理由を言っている間は、何も変わりません。

準備が整っていなくても、とりあえずやってみること。
そこから、必要なことが見えてくるんです。

みんなよりも一足先に。

七福神（福をもたらす七柱の神）

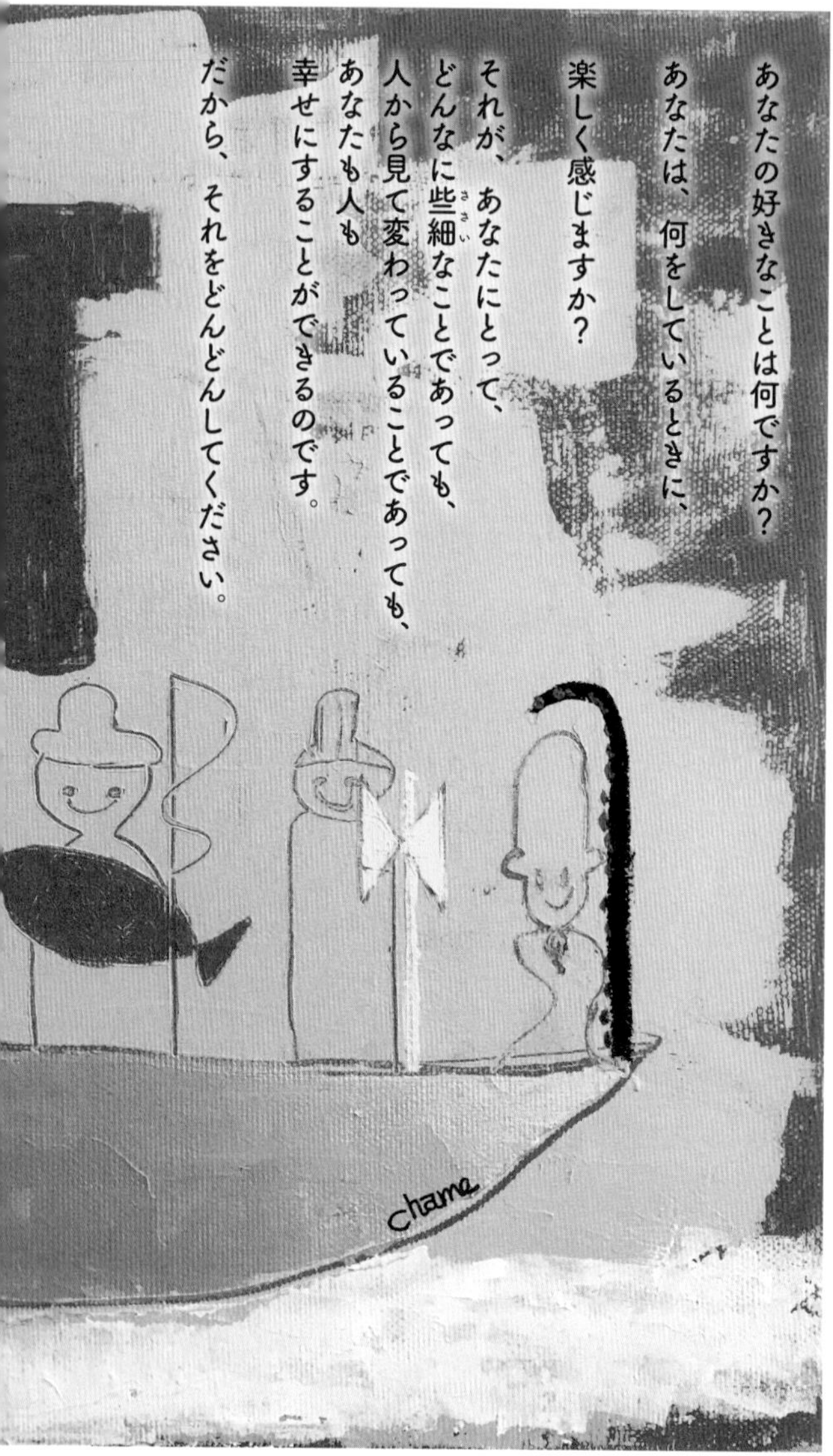

あなたの好きなことは何ですか？
あなたは、何をしているときに、
楽しく感じますか？

それが、あなたにとって、
どんなに些細《ささい》なことであっても、
人から見て変わっていることであっても、
あなたも人も
幸せにすることができるのです。

だから、それをどんどんしてください。

私たちもそんなことをして、
七福神をしています。
ただ、ただ、楽しく感じることを
しているだけです。

そして、あなたの周りにも
人間の七福神がいます。
その人たちは、
自分が楽しいと感じることをして、
人を喜ばせています。

ぜひ、あなたの七福神メンバーを
探してみましょう。

chame

ガネーシャ（ヒンドゥー教の神）

あなたには、あなたのベストなタイミングが用意されています。

合図が来ます！
急に思い出したり、ピンと来たり、一瞬の閃《ひらめ》きであったり……。

それが来たら、24時間以内が理想だけれど、できれば合図が来た瞬間になんらかのアクションを起こしてください。

なぜなら、スタートダッシュが肝心だから。
そのあとの展開に大きく響いていくのです。

chame

イエス・キリスト（キリスト教の中心人物）

罪悪感は誰も幸せにしません。罪悪感は今すぐ手放しましょう。やったことに罪の意識が芽生えてしまうのなら、次からそれはしないようにすればよいだけです。

自分で自分のことを貶《けな》したり、いじめたり、責めたりすることで、救われる気持ちになるのはもうやめましょう。それでは、誰ひとり救われません。

そして、あなたがいちばん救うべきなのは自分自身です。自分自身を救わなければ、人を救うことは不可能です。あなたという船が沈没したら、ほかの人をあなたの船に乗せることもできません。

そもそも、あなたは生きているだけで、とてつもない価値があり、ありがたい存在なのです。

私がお礼を言いましょう。本当にありがとうございます。

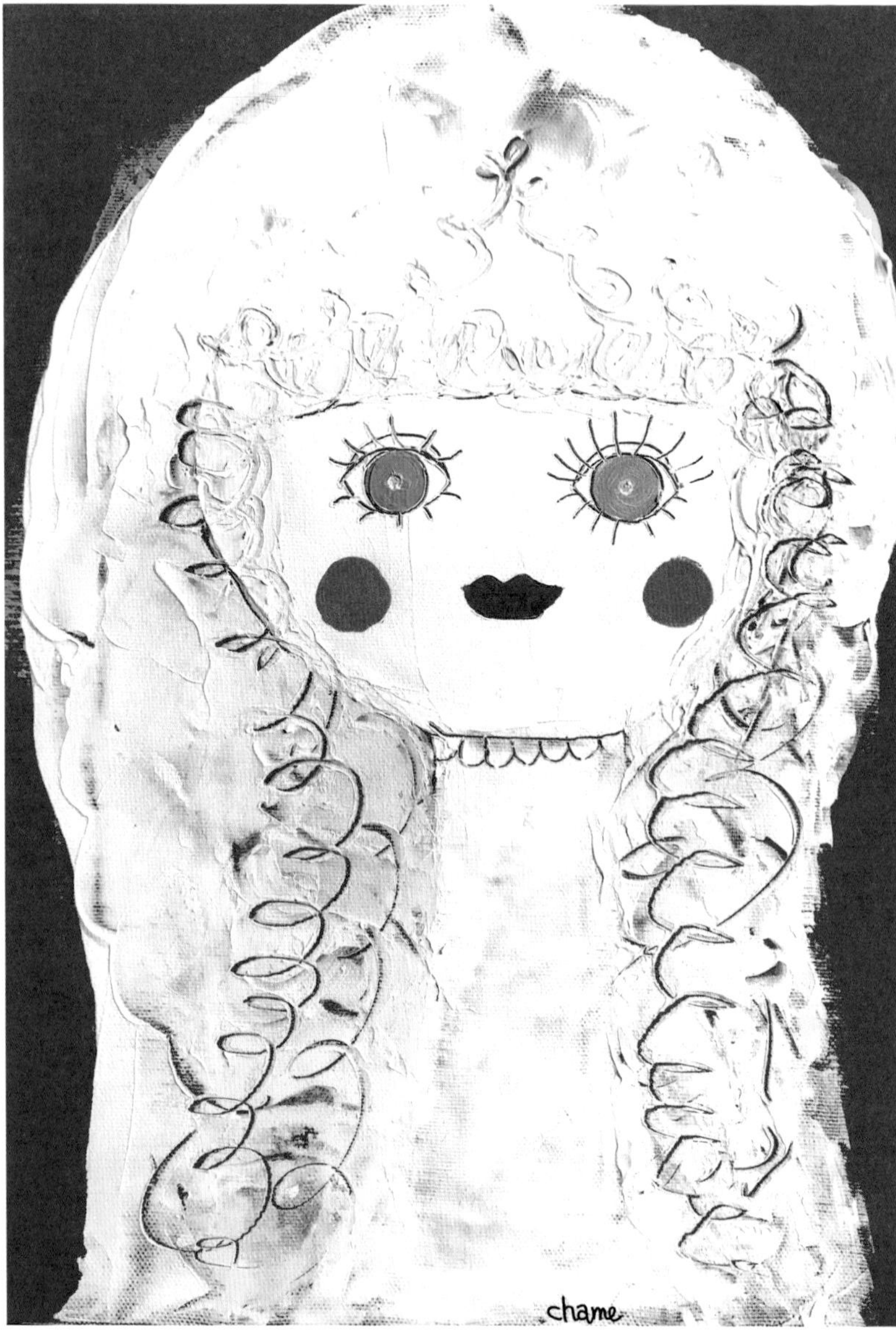
chame

マグダラのマリア（イエスに従った女性）

誰とも比べなくていいんです。比べることをやめてしまえば、あっという間に苦しみから解放されます。個性や性質、環境、出会う人、好き嫌い、生き方、考え方、タイミング、ゴール、天命も違います。優越感も劣等感も必要ありません。

あなたはあなたです。他の何ものでもありません。あなたがあなたを選んで生まれてきたのは、あなたを生きることで経験したいことがあるからです。他の人が経験していることは、その人が経験すること。

実は、他人の人生のほうを生まれる前に選んでもよかったんです。でも、あなたはあなたを選びました。

ですから、すごいと思う人も、羨《うらや》ましいと思う人も、あなたの代わりに経験してくれているだけとも言えるでしょう。

今回あなたの担当は、今のあなた。自分の経験に集中してください。

あなたは、ただ自分の世界を楽しく創っていけばいいだけなのです。

chame

天使

いつでも私たちを呼んでください。

ただし、ひとつだけルールがあります。
私たちは、頼まれないことには介入しないんです。

だから、私たちを必要としてくれるのならば、どんどん呼んで、どんどん話しかけて、どんどん依頼をしてください。
些細なことでも大丈夫です。

御礼はいりません。
ありがとうという気持ちだけで、私たちは最高に嬉しいのです。

ユニコーン

人の良いところを
見つけてあげられる人になりましょう。
ほとんどの人は、人の欠点に注目しがちです。
だから、あなたは人の良い面に注目するのです。
そして、その人に、あなたが見つけた
良いところを教えてあげましょう。

人がしないことをしていくと、
そこに開運の道が開かれます。

その道が開かれたとき、
私は、あなたを素敵な
パラレルワールドに案内します。
そっとね。

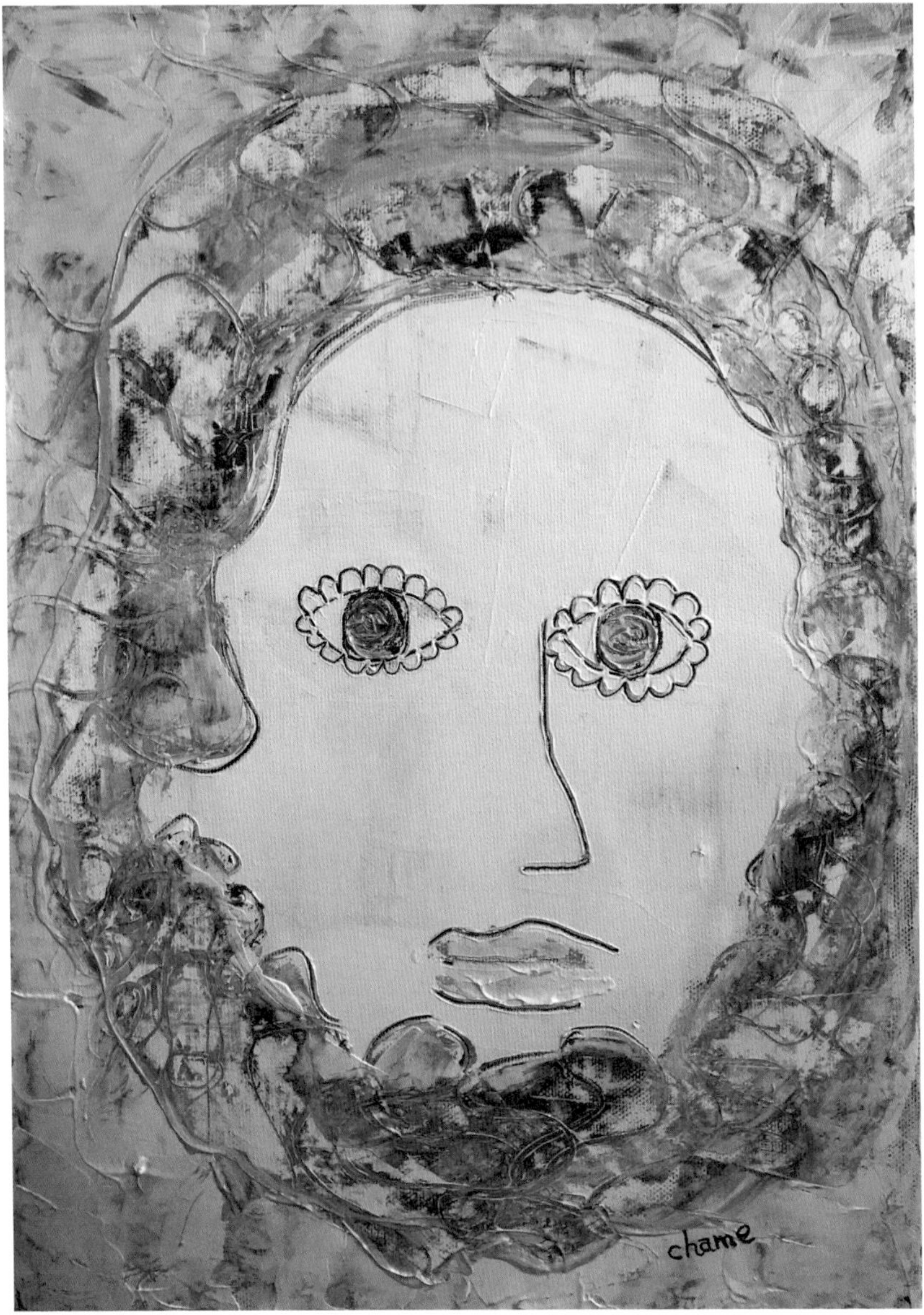
chame

ゼウス（ギリシャ神話の主神であり、全知全能の存在）

あなたの存在をどんどんアピールしなさい。

あなたの名前はなんですか？　あなたはどんな顔をしていますか？　あなたはいつもどんなことを考えていますか？

あなたという存在は、素晴らしいブランドです。出し惜《お》しみしないでください。倉庫に眠らせていないで、店頭に並べてください。

もっともっと、表現してください。あなたを知ってもらってください。

あなたを求めている人がたくさんいます。あなたを知りたい人がたくさんいます。

そして、あなたという存在を知ってもらう数に比例して、あなたは豊かになっていくでしょう。そういう仕組みになっているんです。

恥ずかしがらないで出ておいで！

chame

宇宙神

私は、あなたが天命を全《まっと》うするために、いつも応援しています。ヒントを多く与えたいのだけれど、あなたの人生が面白くなくなってしまうから、ストレートには教えません。

しかし、あなたが天命としっかり合致したことをしているときは、私はあなたのサポートに入ります。天命とズレているときは、あなたが気づけるようにあらゆる方向からメッセージを送ります。相当ズレていて、ハードなパターンになりそうなときは、全力で阻止します。もちろん、あなたがそれを選ぶなら、私は見守る側に回ります。だから安心してください。そこからも、多くの学びを得ることになるでしょう。

私はいつもあなたと共にいますから。たまに外出していますが、「宇宙神！」と呼んでくれればすぐに戻ります。

だから、話しかけてくださいね。ちゃんと聞いています。私のすべてはあなたと共に、あります。ありがとう。

ハイヤーセルフ（本当のあなた）

あなたと私は、そもそも同一です。
ありのままのあなたを受け入れて、
ありのままのあなたを生きていれば、
あなたと私は通じ合うことができます。
あなたの思いが、
ハイヤーセルフの声となるのです。

それを忘れてしまわないように、
この言葉をプレゼントしましょう。

「私はハイヤーセルフそのものです」

この言葉を、何度も唱《とな》えてみてください。
だって、そうなのですから。

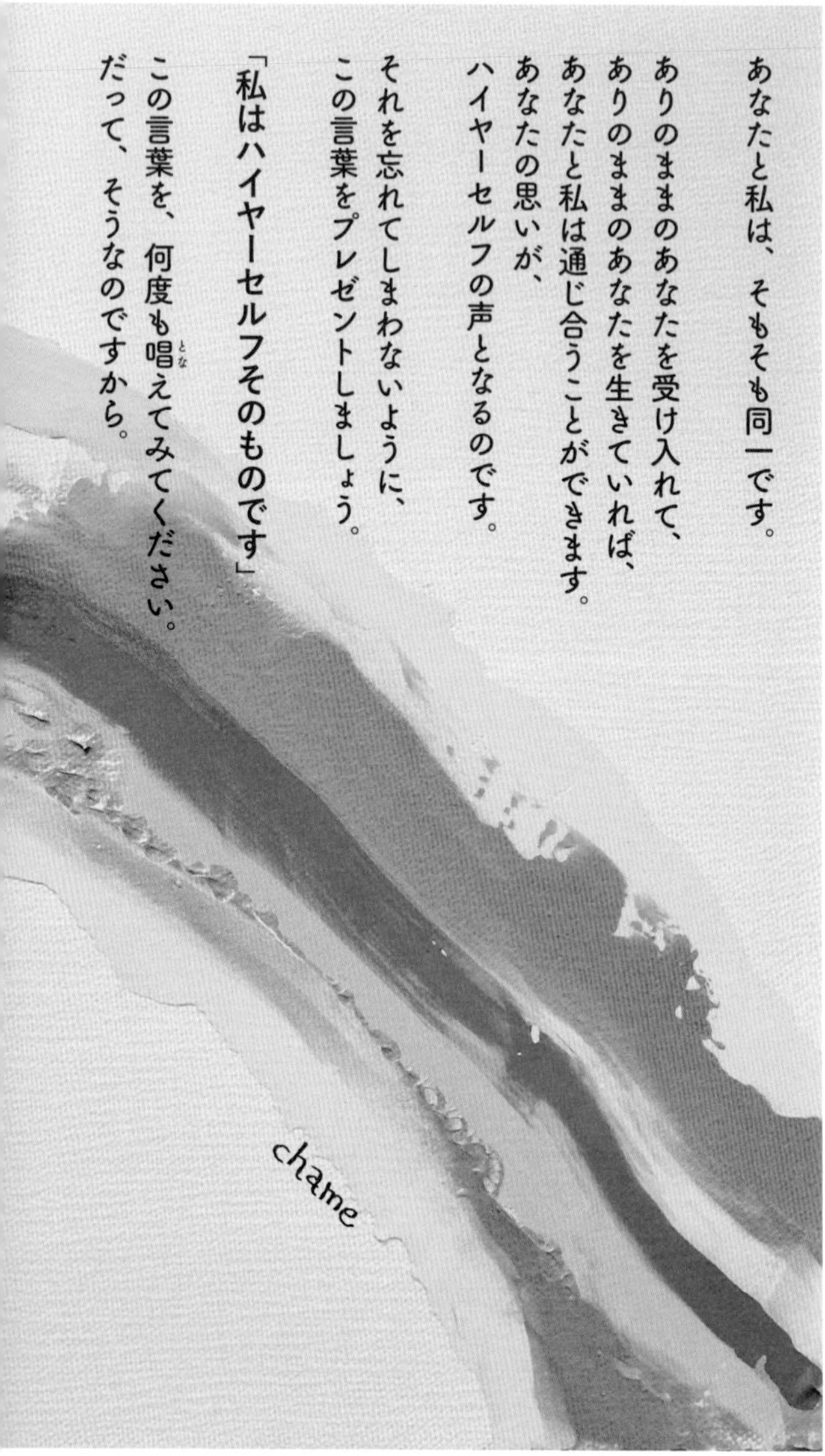

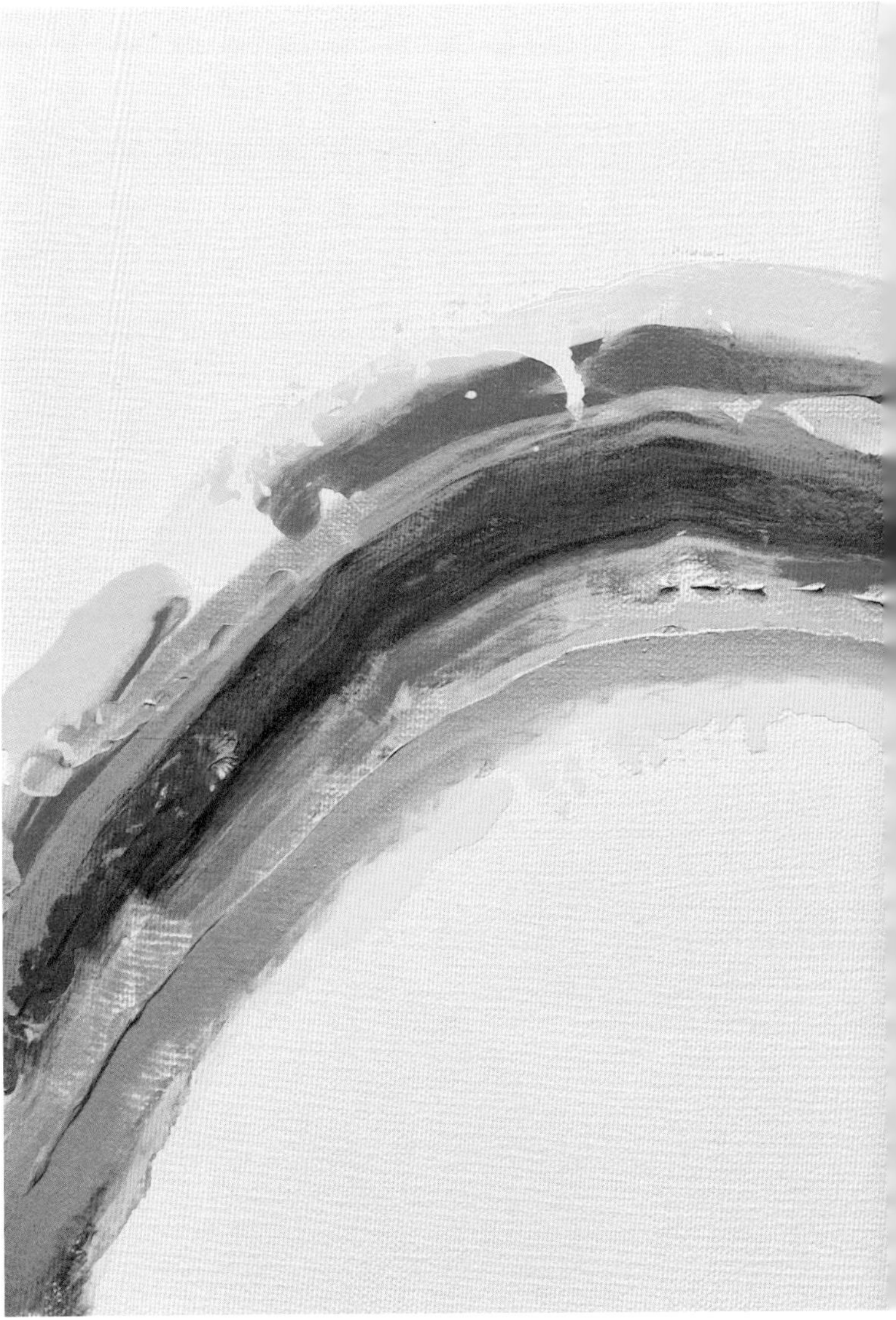

おわりに

私は、最近YouTube（キャメチューブ）を始めたのですが、タロット占いなどもたまにアップしています。それでですね、タロットカードをシャッフルしているときは、視聴している人たちに「瞑想」してもらうように促《うなが》します。なぜなら、そのときに浮かんだ映像や数字、場所、人、香りなどは、その人の悩み解決のヒントになるからです。

視聴者は、カードをシャッフルする音を聴きながら、無心になって瞑想しますので、自然にハイヤーセルフ状態となり、いろいろなメッセージを受けとることができます。タロットの結果を知る以前に、その自らつながったメッセージで、いろいろとわかってしまうこともあります。

あと、朝起きる直前や夜寝る前、トイレに入っているときなど、一瞬、無心になれそうなときに、自分に今気になることを質問して、浮かんできたものを拾ってみてください。なれてくると、意識して無心にならなくても、いつでもハイヤーセルフとして情報を受けとることができるようになります。もし、思考でいっぱいになっているときは、この本の好きなワークを取り入れてすっきりさせましょう。

本書にも書きましたが、神さまとつながる以前に、ハイヤーセルフからのメッセージで解決してしまうことも多いのです。

しかし、周りを観察してみると、なぜか自分以外の人のハイヤーセルフに答えをもらっている人がとても多いことに気づきます。

本当のあなたである、自分のハイヤーセルフに聞くのがいちばんですよ!!!

実はこの、神さまとのコンタクトができるようになれば、チャネリングも自然とできてしまいます。

つまり、人や動物、植物、鉱物、モノなどの心の奥ともコンタクトがとれるようになっていきます。

私たち人間は、スマホみたいなもので、記憶のデータは、クラウドに送っています。ですので、そのクラウドにアクセスすれば、自分以外のデータも見ることができるんです。

そして、未来で起こる映像を先に見るなど、面白いことが起きますが、いちいち驚く必要はありません。

実は、時間軸は過去から未来ではなく、過去も、未来も同時に存在します。ですから、未来を先に見てしまうことって普通にあります。

ある意味、明日の自分からメッセージをもらうということも可能です。逆に、昨日の自分にメッセージを送ってみるというのもいいでしょう。

このような、時空を超えた自分とのコンタクトも、イメージでいいのでやってみてください。きっと不思議な発見が得られるでしょう。

最後までお読みいただき、ありがとうございました！

２０１９年12月

キャメレオン竹田

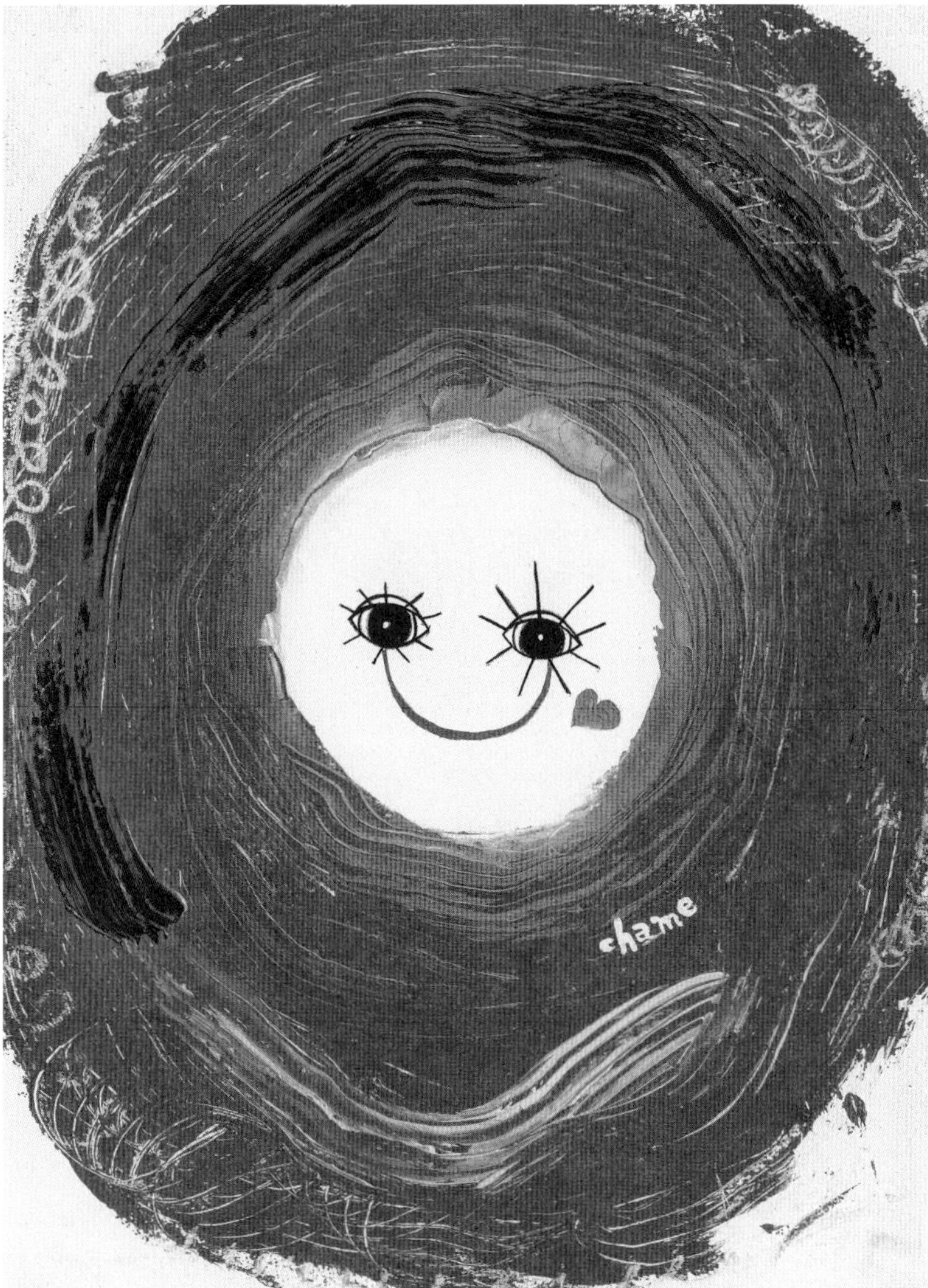
chame

キャメレオン竹田（きゃめれおん・たけだ）
作家、旅人、波動セラピスト、占星術研究家、画家。
株式会社トウメイ人間製作所 代表取締役。

「自分の波動を整えて、開運していくコツ」を日々、研究し、国内外のパワースポット・聖地を巡って、受信したメッセージを伝えることがライフワーク。
会員制オンラインサロン「神さまサロン」や「タロット占い師になる学校」を主宰。
ANA 公式サイト「ANA Travel&Life」や週刊女性セブン、女性誌 JELLY、ワン・パブリッシング「FYTTE Web」など占い連載多数。
Twitter や Instagram、YouTube（キャメチューブ）では、波動が良くなるメッセージや動画を発信中。
著書は 70 冊以上。主な著書に、『神さまとの直通電話』『神さまの家庭訪問』『神さまからの急速充電』『神さまとお金とわたし』（以上、三笠書房《王様文庫》)、『人生を自由自在に楽しむ本』（大和書房《だいわ文庫》）などがある。また十二星座別『キャメレオン竹田の開運本』（ゴマブックス）を年度版で刊行している。

オフィシャルサイト：https://www.chamereontakeda.com

絵・イラスト　キャメレオン竹田
デザイン・DTP　川畑サユリ（META + MANIERA）
編集　鈴木けーこ

神《かみ》さまとつながる方法《ほうほう》

2020 年 1 月 1 日　第1刷発行
2021 年11月 1 日　第5刷発行

著　者　キャメレオン竹田
発行者　吉田芳史
印刷所　株式会社光邦
製本所　株式会社光邦
発行所　株式会社日本文芸社
〒 135-0001 東京都江東区毛利 2-10-18 OCM ビル
TEL.03-5638-1660（代表）
URL　https://www.nihonbungeisha.co.jp/

Printed in Japan 112191219-112211012 Ⓝ 05（310048）
ISBN978-4-537-21755-1

内容に関するお問い合わせは、
小社ウェブサイトお問い合わせフォームまでお願いいたします。
ウェブサイト　https://www.nihonbungeisha.co.jp/